Impressum

© 2022 Eva Maria Pfeiffer, Marion Menge

Herstellung und Verlag: BoD – Books on Demand, Norderstedt

Umschlaggestaltung: Corinna Hildebrand, Borgholzhausen, unter Verwendung der folgenden Motive von Adobe Stock: „папа" © Abundzu, „Digitale Ströme - Welt" © envfx

Lektorat: Ina Kleinod
www.sinntext.de

Satz: Natalie Nicola & Konstantin Banmann
www.schreib-vielfalt.de/www.kontinuum-art.de

ISBN Nr.: 9 783 755 749 325

Bibliografische Information der Deutschen Nationalbibliothek:

Die Deutsche Nationalbibliothek verzeichnet diese Publikation in der Deutschen Nationalbibliografie; detaillierte bibliografische Daten sind im Internet über http://dnb.dnb.de abrufbar.

Hinweis: Eva Maria Pfeiffers seelische Quelle beruft sich auf einige Begriffe, die ebenfalls in den Büchern von Varda Hasselmann und Frank Schmolke vorkommen; ihr liegt aber nicht daran, deren Seelen-Lehre zu plagiieren oder zu kommentieren. Sie besitzt einen unabhängigen eigenen Auftrag.

ERDE
MENSCH
ZUKUNFT!
Eine seelische Quelle erklärt, warum das Beste noch vor uns liegt.

KOSMOS AUF SENDUNG BAND 1

Eva Maria Pfeiffer · Marion Menge

Für Hans und Kai

Inhaltsverzeichnis

Prolog über die Seele   12

Adam und Eva wären begeistert!   13

I. Teil

Vorgeschichte und Hintergrund   23

Eine lebensverändernde Durchsage
aus den seelischen Welten   23

Das geistige Medium Eva Maria Pfeiffer   32

Seelische Welten und energetische
Bewusstheit im Kosmos   40

Die allgemeine Bewusstseinsanhebung
seit Beginn dieses Jahrtausends   48

Gedanken, Gefühle und körperliche
Erfahrungen werden seelisch gespeichert   55

II. Teil

Über die Wissenschaften der Zukunft   63

Die Quelle berichtet über sich selbst
und die gute Zukunft der Menschheit   63

Der Klimawandel ist beherrschbar   69

Lösungen für Umwelt-, Energie-
und Ernährungsprobleme   76

Lösungen für Umwelt-, Energie-
und Ernährungsprobleme 77

Mithilfe von Geoengineering
und Biotechnologie die Zukunft meistern 84

III. Teil
Geschichte heilen 93

Kriege bedürfen des Gedenkens –
wider das Vergessen 93

Kriege bedürfen der seelischen
Verarbeitung über Generationen 99

Leidvolle Erfahrungen besser verstehen 105

Verflochtene Seelenwege über Jahrtausende 112

Auf den Spuren von Seele und Genetik 119

Die allgemeine Anhebung des Bewusstseins wirkt sich auch auf die DNA aus 131

IV. Teil
Gesellschaft gestalten 139

Verträge weisen den Weg in die Zukunft 139

Seelenaufgaben von Ländern 150

Japan und Deutschland 155

Ruanda und Deutschland 159

Flucht und Migration nach Deutschland
fordern seelische Entwicklung heraus 162

Das derzeitige Finanzsystem
wird dienlicheren Systemen weichen 172

V. Teil

Kosmos und ansteigendes Bewusstsein beeinflussen sich wechselseitig 181

Der Kosmos =
Energie + Materie + Information 181

Der Glaube an Gott ist keine Bedingung:
Miroslav Stimac und Stephen Hawking 186

Was ist „mediale Wissenschaftsberatung"? 191

Beispiel einer medialen Wissenschaftsberatung 196

Alle Seelen sind gleichwertig 205

Nachtrag: In mir wohnt eine alte Seele 206

Nachwort 210

Literatur 214

Prolog über die Seele

Als Hüterin der höheren Dinge, die den Gedanken der ersten Wahrheiten bewahrt, hat sie kein Interesse an Essen oder Trinken und bedarf nicht der Küsse oder der körperlichen Vereinigung. Es ist vielmehr ihre Aufgabe, die Enthüllung von Realitäten zu erwarten und ihre perfekte Intuition und reines Bewusstsein auf die Wahrnehmung der subtilsten Prinzipien zu konzentrieren und mit dem inneren Auge der Einsicht Gottes Mysterium zu erkennen.

Ibn Sina (980–1037)

Adam und Eva wären begeistert!

„Wir dürfen euch sagen:
Es gibt vielfältige Hilfen aus den jenseitigen Welten,
und ihr seid erst am Beginn, sie in Anspruch zu nehmen."
Die Quelle

Zu Beginn des dritten Jahrtausends n. Chr. gibt es die Cloud. Große Datenmengen werden gespeichert und sind ortsunabhängig abrufbar. Was Steve Jobs Ende des zweiten Jahrtausends noch als Zukunftsvision beschrieb, ist nun Wirklichkeit und beeinflusst das Leben unzähliger Menschen. Die Corona-Krise gab der Digitalisierung einen zusätzlichen Schub: Anstatt sich real zu treffen, werden Gesprächspartner vermehrt digital zusammengeschaltet.

Was bisher die wenigsten wissen: Es gibt eine weitere Cloud, die ähnlich futuristisch anmutet und auch bereits Wirklichkeit geworden ist - die „jenseitige Cloud". Das über die gesamte Zeit der Menschheitsgeschichte angewachsene Bewusstsein in den seelischen Welten ermöglicht in diesem neuen Jahrtausend neue Bewusstseins-Phänomene. Dazu gehören auch vermehrte mediale Durchsagen.

Das vorliegende Buch beruht auf den Durchsagen einer seelisch-geistigen Quelle an Eva Maria Pfeiffer (Journalistin; geistiges Medium). Die Botschaften betreffen das zukünftige Leben der Menschen und die zukünftigen Wissenschaften auf diesem Planeten. Das Buch vermittelt auch Grundkenntnisse über die menschliche Seele. Mithilfe seiner Seele sammelt jeder Mensch Wissen, und zwar über viele Inkarnationen hinweg. Die Vernetzung der Seele mit den seelischen Welten ermöglicht dem Menschen Gedankenblitze und Eingebungen bis hin zu medialer Empfänglichkeit für jenseitige Durchsagen. Durch seine Seele ist jeder Mensch in den Kosmos eingebettet – in jenen Teil des Kosmos, der über Materie und herkömmlich bekannte Energien hinausreicht und von schöpferischer Intelligenz sowie energetischer Bewusstheit geprägt ist.

Niedergeschrieben und in Buchform gebracht wurden die Durchsagen von mir, Dr. phil. Marion Menge (Kommunikations- und Aufmerksamkeits-Trainerin; Coach). Nicht zum ersten Mal kommt es zwischen Eva Maria und mir zu einer Zusammenarbeit, wie uns die Quelle mitteilte. Wir haben schon viele vergangene Leben gemeinsam verbracht. Auch in diesem Leben, in unseren frühen Zwanzigern, sind wir uns bereits einmal über den Weg gelaufen. Das wurde uns überraschend klar, als wir uns Ende 2017 scheinbar zum ersten Mal trafen. „Bist du nicht damals auf dieser Studententheaterbühne die schwarz-verschleierte Witwe gewesen, die eigentlich nur rumstand und kaum einen Mucks gesagt hat?" Ja genau, das war tatsächlich Eva Maria gewesen! Und ich saß – am Ende begeistert klatschend – im Publikum! Wir erinnerten uns vage daran, dass wir uns damals bei einer Einladung auf eine heiße Suppe sogar kurz persönlich begegnet waren, denn die inszenierende Professorin scharte ab und zu ihre Theater-interessierten Studierenden um sich.[1] Dann trennten sich unsere Wege.

Was ist die Seele und was tut sie? Welche Eigenschaften besitzt sie? Welche Konsequenzen hat das auf lange Sicht?

Auf eine ganz besondere Eigenschaft der menschlichen Seele könnte man mit etwas Nachdenken auch ohne mediale Hilfe stoßen. Genforscher haben bekanntlich nur kleine Unterschiede zwischen menschlichen Genen und denen von Affen nachgewiesen, wonach auch wir Menschen den Primaten zuzuordnen sind. Das Größenverhältnis von Gehirn und Körper beim Menschen entspricht dem von vielen Säugetieren, und über eine außergewöhnlich starke Faltung des Neokortex verfügen auch Delfine.[2] Dennoch sind wir Menschen offensichtlich anders. Was genau macht den Unterschied aus?

---

[1] Unser herzlicher Dank gilt Prof. Dr. a. D. Herta Elisabeth Renk, Katholische Universität Eichstätt-Ingolstadt.
[2] Vgl. https://www.wissenschaft.de/umwelt-natur/menschen-haben-ein-typisches-affengehirn/ (aufgerufen am 17.7.2021)

Die Antwort liegt nah: Der Mensch zeichnet sich vor allem durch seine unbändige Erfahrungs- und Erkenntnissuche sowie Kreativität und Schaffenslust aus. Was sonst als seine Seele ist der Antrieb dafür? Der Körper ohne sie wäre sicher genügsamer und würde oftmals schonungsvoller mit sich umgehen. Affen bspw. kämpfen instinktiv um Futter, Rangordnung und zu ihrer Verteidigung, und dies kann zu Verletzungen führen. Menschen dagegen riskieren für ihr Erkenntnis-Interesse teilweise ganz bewusst Gesundheit und Leben. Viele Entdeckungen wurden und werden noch heute unter Einsatz des eigenen Lebens gemacht. Denken wir nur an die Seefahrt und die Suche nach neuen Kontinenten oder an die bemannte Raumfahrt! Wie viele riskante medizinische Selbstversuche hat es gegeben! Die Beseelung der Menschen in grauer Vorzeit muss demnach die entscheidende Veränderung gewesen sein, welche uns bis heute zu immer neuen Erfahrungs-Horizonten treibt.

Eine weitere besondere Eigenschaft der Seele ist ihre Unsterblichkeit. In unzähligen Berichten und Veröffentlichungen über Nahtod-Erfahrungen ist zu erfahren, wie sich Sterbenskranke oder Verunfallte plötzlich aus ihren Körpern hinauskatapultiert fühlten und das Geschehen von außen wahrnahmen. Besonders die heute möglichen schnellen Wiederbelebungsmaßnahmen haben Lebensverlängerungen zur Folge; und Nahtod-Erlebnisse mancher überlebenden Patienten erreichen eine solche meist beglückende Intensität, dass sie prägend für den Rest des Lebens bleiben.[3]

Darüber hinaus gibt es Menschen, die sich an frühere Leben erinnern können, und es gibt eine noch nicht sehr verbreitete Therapieform, die Reinkarnationstherapie, die genau das fördert. Ganz davon abgesehen ist in anderen Kulturkreisen die Lehre von der Reinkarnation nichts Neues. Die Seele in ihrer Unsterblichkeit und in ihrer ständigen Wiederkehr auf die Erde nimmt darin eine bedeutende Rolle ein. Inzwischen interessieren sich viele Menschen auch in den sog. westlichen Gesellschaften dafür.

Stellen wir uns das Gleichnis vom Garten Eden an dieser Stelle - mit einem Augenzwinkern – etwas erkenntnisfreudiger vor: Die beiden ersten Menschen Adam und Eva streiften durch ihren weitläufigen Garten einmal hierhin, einmal dorthin, und dann, plötzlich, standen sie vor dem ersten prachtvollen Apfelbaum ihres Lebens samt den daran hängenden saftig-reifen Früchten! Eva pflückte eine, biss herzhaft hinein und reichte sie an Adam weiter. Und siehe, der Apfel schmeckte beiden außerordentlich gut! Dann entwarfen sie aus bestem Biomaterial ihre ersten Outdoor-Outfits und schlenderten weiter bis hin zum Gartentor. Dahinter lockten weite Ebenen, dunkle Wälder, hohe

---

3 Vgl. z. B. die Veröffentlichungen des niederländischen Kardiologen Willem (Pim) van Lommel zu Nahtod; auch Annie Kagan: „Das zweite Leben des Billy Fingers – Bericht aus dem Jenseits" zu Nachtod.

Gebirge und das Meer. Eva wollte an den Strand. Adam in die Berge. Für beide gab es da draußen eine Menge zu entdecken und auszuprobieren. Und Gott sah dies und freute sich! Er schenkte beiden viele, viele weitere Leben, auf dass nicht nur ihre Körper, sondern auch ihre erlebnis- und erkenntnishungrigen Seelen satt würden und sich an der Schöpfung erfreuten.

Was nicht heißen soll, dass Erkenntnis nicht auch wehtun kann. Leider wird sie allzu häufig nur unter Schmerzen gewonnen. Aber wie lange muss die gesamte Menschheit noch – bildlich gesprochen – auf alle existierenden heißen Herdplatten fassen, bis sie lernt, dass man sich dadurch übel die Finger verbrennt?

Um schmerzhafte Lernprozesse zu mildern, das Wissen über umweltschonende Technologien zu fördern und gesellschaftspolitische Lösungen zu unterstützen, meldete sich bei Eva Maria die seelisch-geistige Quelle. Diese besteht aus Seelen einer Seelenfamilie, die bereits am Ende ihrer Inkarnationen angelangt sind und nun als sog. kausale Quelle Kontakt zu uns Menschen suchen. Der im Anschluss dargelegte Austausch ist somit die erstaunliche Folge von Reinkarnation und zugleich ein Beleg dafür, auch wenn dies schwer zu fassen ist! Er kommt goldrichtig zu einer Zeit, in der viele Menschen aufgrund globaler Katastrophen und Krisen wie bspw. Klimawandel, Umweltverschmutzung und Covid-19 unsicher in die Zukunft blicken.

Diese Quelle wünscht sich einen aufgeklärten Umgang mit ihr. Ende 2018 erklärte sie sich in dieser Hinsicht deutlich: *„Denn das genau ist es, was kausale Quellen wünschen, wenn sie mit inkorporierten Seelen Kontakt aufnehmen: das Vertrauen, mit uns ein Stück des Weges zu gehen, offen zu sein für unsere Botschaften, jedoch ihnen weder blind nachzulaufen noch sie als allein selig machendes Instrument den Menschen zu verkaufen. Wir wissen und wir sehen viel mehr, als es den Seelen in den Körpern möglich ist, aber wir sind nicht allwissend."*[4] Wie sich im Weiteren zeigen wird, ziehen sich diese Offenheit und auch Fairness durch alle ihre Botschaften.

Dieses Buch überbringt – trotz aller Bescheidenheit der Quelle - erstaunliches Wissen über die Seele des Menschen, aber auch über sein Bewusstsein, welches an die energetische Bewusstheit im Kosmos angeschlossen ist. Und es überbringt Neuigkeiten zur Zukunft der Menschheit. Dies alles kommt – salopp gesagt – per Direktschaltung aus dem Jenseits. Wer sind wir? Woher kommen wir? Wohin gehen wir? Die drei großen Fragen der Philosophie erfahren hier hochaktuelle Antworten. Und dies ist nur der Beginn! Denn mehr und mehr Menschen werden eine mediale Begabung entwickeln und nutzen, wie uns die Quelle versicherte. Es kann also sein, dass Sie, liebe Leserin und lieber Leser, dies auch tun werden, sofern Sie dies wollen.

---

[4] Eva Maria Pfeiffer (Newsletter aus 2018)

Freuen Sie sich zunächst auf eine spannende Lektüre, die Ihr eigenes Leben zutiefst betreffen wird! Halten Sie das für möglich, was Sie lesen – Sie sind damit hier wie dort nicht allein!

Marion Menge und Eva Maria Pfeiffer

I. Teil

Vorgeschichte und Hintergrund

Eine lebensverändernde Durchsage aus den seelischen Welten

Vor einigen Jahren lernte ich, Marion, die Verfasserin dieser Zeilen, Eva Maria Pfeiffer in einer Gruppe kennen, die sich mit Fragen zur Seele und zur seelischen Entwicklung befasst und dafür Literatur nutzt, die teilweise medial übermittelt wurde. Ich selbst würde mich nicht als besonders medial begabt einschätzen, eher als neugierig. Und aus Neugier bat ich Eva Maria, die sich über die Jahre selbst zu einem geistigen Medium entwickelt hatte, ihre seelisch-geistige Quelle zu meiner Erkrankung zu befragen, an der ich seit einiger Zeit litt. Ihre erste Nachricht erreichte mein Laptop einige Tage später in Form einer Audiodatei. Ich hörte, wie Eva Marias Stimme manchmal stockend, manchmal flüssig aus den Lautsprechern drang und Dinge aussprach, die nicht sie selbst zu denken schien.

Die Quelle: „Wir grüßen dich an diesem Morgen und freuen uns, dass du es wieder geschafft hast, uns anzurufen. Bitte stelle uns deine Fragen!"

Eva Maria: „Ich habe heute ein Anliegen von Marion Menge, die seit Kurzem in unserer Seelen-Gruppe ist. Sie ist erkrankt. Sie kann nicht mehr gut atmen und die Gelenke sind betroffen. Es ist angeblich ein Keim. Und sie möchte jetzt wissen, was sie tun kann, um dieser Krankheit zu begegnen. Und vielleicht ist es auch sinnvoll, ihr die Hintergründe dieser Krankheit zu erklären."

Einige Sekunden vergingen.

Die Quelle: „Die Frau, die du Marion Menge nennst, hat in ihrem Leben nun eine Phase zu bewältigen, die aus ihrer Sicht nicht sehr angenehm sein mag. Jedoch ist es eine Phase, die dazu führt, dass sich in ihrem gesamten emotional-körperlichen und seelischen Gefüge etwas neu strukturiert, was wiederum für ihre gesamt-seelische Entwicklung von äußerster Wichtigkeit ist. Dieser Keim oder diese Krankheit, die sie sich zugezogen hat, hat den Sinn, die Introspektion auf ganz besondere, neue Art zu suchen und zu pflegen und in diesem Nach-innen-Gehen neue Gefilde ihrer Seelenlandschaft zu entdecken. Es ist sozusagen ein Aufruf der Seele zum Stillstand – was die äußeren Aktivitäten betrifft –, damit Marion ihrer seelischen Stimme Gehör schenken kann. Diesen äußeren Rahmen stellt ihr nun diese Krankheit; er ist dazu da, neue Perspektiven in ihrem Leben zu erforschen, die sich jedoch nicht auf ihre berufliche Tätigkeit beziehen, sondern ihr allerinnerstes Sein betreffen.

Was können wir ihr nun in dieser Situation raten? Für Marion ist es von äußerster Wichtigkeit, den Rückzug von der Welt, den sie ja nun bereits in gewisser

Weise angetreten hat, weiter zu pflegen. Es ist für sie wichtig, täglich einmal über ihre Krankheitssymptome zu meditieren. Es gilt also zunächst, die emotional-körperliche Ebene zu erforschen. Wenn Gelenke betroffen sind, so bedeutet das in erster Linie Stillstand in der Bewegung. Wenn die Atmung betroffen ist, so bedeutet dies in ihrem Falle, dass die Luft für ihr ganzes Sein knapp geworden ist und dass ihr Sein auf eine andere Ebene geführt werden muss. Das mag jetzt aus eurer Sicht wenig konkret klingen, jedoch ist es so, dass wir an dieser Stelle und in diesem Moment Marion nur das, was wir dir jetzt durchgeben, zu sagen vermögen und sagen dürfen.

Um es noch einmal anders zu fassen: Die Krankheit hat den Sinn, dass die Seele gehört wird. Die Krankheit hat den Sinn, Abschied zu nehmen von überkommenen Lebensvorstellungen, Abschied zu nehmen von Bindungen, die vielleicht jetzt noch da sind, Abschied zu nehmen von Strukturen in der Psyche, aber auch von Strukturen in den mentalen Überzeugungen, um zu einer neuen Perspektive, zu einer neuen Betrachtung dieser Inkarnation zu kommen.

Die Krankheit hat auch damit zu tun, dass jetzt Reste aus vergangenen Leben zu bewältigen sind, die jedoch noch nicht an der Oberfläche des Bewusstseins liegen, sondern im seelischen Unterbewusstsein schlummern, sodass Marion sie erst nach und nach zu entdecken vermag."

Eva Maria wurde nun ein wenig ungeduldig und meinte: „Marion möchte natürlich wissen, ob die

Krankheit heilt, und was sie dafür tun kann?!" Wieder kam die Antwort mit ihrer eigenen Stimme aus ihrem eigenen Mund.

Die Quelle: „Was sie dafür tun kann, ist, sich in erster Linie in Geduld zu üben, in erster Linie den Rückzug zu pflegen, in erster Linie ein großes Ja zu dieser Krankheit zu haben, in erster Linie das Ja zu ihrem Körper wiederzufinden, das Ja dazu, dass sein darf, was ist, das Ja zu allem, was in ihrem Leben momentan stattfindet und was sie dorthin geführt hat.

Wir möchten Marion folgende gedankliche Überlegungen in diesem ersten Moment der Bewältigung mit auf den Weg geben: Was bedeutet es, einer Infektion zu unterliegen? Was bedeutet es für den Körper, dass ihn ein Impuls von außen gewissermaßen durcheinanderbringt und lahmlegt? Was bedeutet es für Marion, von außen einen Impuls aufzunehmen, der ungewollt ist? Was bedeutet es für sie, einen Impuls aufzunehmen, den sie emotional, körperlich und seelisch noch nicht einordnen kann? Diese Fragen möge sie sich stellen und in sich hineinhorchen und ihre Seele bitten, ihr darauf eine Antwort zu geben."

Eva Maria fragte weiter: „Ja, könnt ihr denn die Frage beantworten, ob ihre augenblickliche Krankheit heilt?"

Die Quelle: „Die Frage ist gut formuliert, denn die Krankheit ist – wir möchten es einmal aus unserer Perspektive beurteilen – in der Tat ein Augenblick. Es ist ein Augenblick, der zum Innehalten ruft und der in keinster

Weise dazu da ist, daran in irgendeiner Form zu verzweifeln.

Wir können und möchten Marion an dieser Stelle und in diesem Augenblick und in diesem Stadium nur bitten, sich in Geduld zu üben und den mutigen Schritt zu wagen, sich ihrer Seele zu öffnen und sich dem zu öffnen, was darauf wartet, an die Oberfläche zu kommen."

Eva Maria blieb hartnäckig: „Kann Marion sonst noch irgendwelche hilfreichen Impulse bekommen? Kann sie noch eine weitere Durchsage bekommen, oder was ist gut für sie?"

*Die Quelle: „Wir möchten sie einfach bitten, sich auf den Weg zu begeben, den inneren Reichtum, der in ihr liegt, zu erforschen. Es warten - wir möchten es einmal **so** sagen – innere Glückseligkeiten auf sie in ungeahnter Form, und diese gilt es in diesem Stadium des Lebens zu entdecken ..."*

Eva Maria hielt kurz inne, dann sprach die Quelle durch sie weiter:

Die Quelle: „Wir möchten Marion bitten, den von uns vorgegebenen Weg und unsere Anregungen anzunehmen, um zu einer Fülle zu kommen, die für sie in der jetzigen Phase ihres Lebens vorgesehen ist. Das ist es, was wir in diesem Moment übermitteln möchten, können und dürfen. Und wir danken Marion für ihre Offenheit, wir danken dir für deine Fragen und die Übermittlung."[5]

---

5 Eva Maria Pfeiffer: „Durchsage für Dr. Marion Menge" (Audiodatei aus 2018)

Stille. Die Durchsage war zu Ende.

Dem Zauber dieser Worte erlag ich sofort. Es sprach so viel Anteilnahme aus ihnen, so viel Kenntnis meiner Situation, und zugleich blieben sie auch sehr geheimnisvoll.

Dass Eva Maria in der Zukunft mit mir gemeinsam publizieren würde, wurde uns bald darauf vorhergesagt. Zunächst erhielt sie die Nachricht, dass wir beide uns bereits in einem vergangenen Leben begegnet waren: *„Was euch verband, war die gemeinsame Arbeit. Du warst eine Frau und Marion der Mann, der die analytischen Fähigkeiten besaß, deine Eingebungen zu den Heilkräften von Pflanzen in wissenschaftliche Erkenntnisse zu überführen. Es war eine Zeit, in der die Kräuterkunde großen Aufschwung hatte."* Eva Maria sammelte offenbar die Kräuter und ich braute vermutlich die Tinkturen und Schnäpse. Diese Vorstellung amüsierte mich. Wenn ich in meinem jetzigen Leben hin und wieder zu Magentropfen griff, fragte ich mich, ob diese etwa dem glichen, was wir damals produziert und vertrieben hatten. Hatten wir vielleicht damals schon etwas erfunden, das heute noch in Gebrauch war? Falls ja, dann musste es vielen anderen Menschen ganz ähnlich gehen! Ich stellte mir einen Kfz-Mechaniker vor, der fluchend unter einem Wagen lag und etwas reparierte, das er vielleicht in einem früheren Leben selbst entwickelt hatte. Der Fantasie waren keine Grenzen gesetzt!

Eva Marias und meine Zusammenarbeit sollte im Heiligen Römischen Reich deutscher Nation stattgefunden haben, das über mehrere Jahrhunderte in der Mitte Europas existiert hatte; wann genau und wo genau wir damals gelebt hatten, blieb offen. Wir mussten noch lernen, dass die Quelle ihren eigenen Zeitplan hatte, nach dem sie sich erklärte und uns Wissen vermittelte. Wir mussten uns immer wieder mit ausschnitthaften Informationen begnügen und darauf hoffen, dass der richtige Zeitpunkt für das nächste Puzzleteil noch kommen würde. Die Tatsache, dass in jene Zeit der Dreißigjährige Krieg gefallen war, berührte mich besonders; ich hatte schon lange eine wie immer geartete Affinität zu diesem geschichtlichen Ereignis. In der Nähe meines derzeitigen Wohnorts lag Münster, wo ich zuvor für 15 Jahre gelebt hatte, dort und in Osnabrück wurde 1648 der Dreißigjährige Krieg mittels Friedensvertrags beendet. Die frühe Lektüre über den Dreißigjährigen Krieg „Simplicius Simplicissimus" von H. J. Ch. von Grimmelshausen hatte mich bereits als Schülerin nachhaltig beeindruckt. Und dieser Krieg sollte auch in den Durchsagen der Quelle noch eine besondere Rolle spielen.

Dann hörten wir noch Weiteres zu unserer Zusammenarbeit: *„Wir haben dir mit Marion einen Menschen an die Seite gegeben, den du nicht nur aus einem anderen Leben kennst, sondern der dir genau jetzt, zum richtigen Zeitpunkt, wichtige Impulse für dein Schaffen und deine weitere Ausrichtung im Leben geben wird. Das wird sich nicht nur auf das Buchprojekt be-*

ziehen, sondern auch dein privates und berufliches Leben betreffen.

*Auf der anderen Seite ist es für Marion von großer Bedeutung, in dir einen Menschen gefunden zu haben, der - wir möchten es einmal **so** sagen - in spirituellen Fragen schon etwas weiter fortgeschritten ist und ihr eine enorme Hilfe sein kann bei ihrer persönlichen Entwicklung, die nun ansteht."*[6]

Bis dahin hatte ich mich mit meiner Seele, mit Reinkarnation und den seelischen Welten noch nicht ernsthaft beschäftigt. Ich hatte zwar darüber gelesen, ja, aber dass es mich nun ja auch persönlich beträfe, war irgendwie neu und verwirrend. Dass es diese seelisch-geistige Quelle als eine weise und weitsichtige Instanz gab, die offenbar mehr über mich wusste als ich selbst, fand ich außerordentlich erstaunlich. Was alles hatte die Quelle wohl über mich in Erfahrung gebracht? Mir fielen alle peinlichen Momente meines Lebens ein, und derer gab es viele, bei genauerer Betrachtung. „Datenschutz" schien kein großes Thema in den seelischen Welten zu sein, wohl aber respektvoller Umgang. Was jetzt auf mich zukommen sollte, klang verheißungsvoll, und die Neugier überwog meine Skepsis.

---

6 Dies war für mich ein weiteres schönes Beispiel für die wertschätzenden Umgangsformen der Quelle. Sie brachte dezent und nicht ohne Ironie zum Ausdruck, dass ich von Spiritualität im Sinne einer bewussten Beziehung zu den seelischen Welten noch keine Ahnung hatte!

Jedoch fragte ich mich in den kommenden Jahren immer wieder einmal, ob ich nun auf dem besten Weg sei, verrückt zu werden. Es beruhigte mich, zu sehen, wie entspannt Eva Maria mit ihrer Gabe umging. Wenn sie sich dagegen über eine Erkältung aufregte, dann dachte ich: Hey, Mädchen, du hast persönlichen Kontakt zu seelischen Außerirdischen und regst dich über eine Erkältung auf? Ich meinte, sie müsste über den Dingen schweben. Aber glücklicherweise tat sie dies nicht. Sie machte nie viel Aufhebens um ihren außergewöhnlichen Kontakt mit der jenseitigen Welt, was für mich zu ihrer Glaubwürdigkeit beitrug.

Das geistige Medium Eva Maria Pfeiffer

*„Wie du weißt, ist es unsere Aufgabe,
die menschliche Gesellschaft und ihre Entwicklung und
den Prozess der Transformierung zu begleiten.
Ihr werdet künftig mit einem höheren Bewusstsein leben
können und leben dürfen, und das beginnt in euren
sogenannten westlichen Zivilisationen.
Aus diesem Grund haben wir uns entschlossen,
zu dir zu sprechen. Wir wissen, dass es schwer ist,
unsere Botschaften zu übermitteln,
und bitten deshalb um viel Geduld."*
Die Quelle

Bald begannen wir mit unserem ersten Buch. Eva Maria hatte schon eine Projekt-Liste erstellt; daraus suchte ich ein Vorhaben aus. Ich schlug vor, mit einer Autobiografie von ihr zu beginnen. Während sie daran schrieb, sichtete ich parallel dazu ihre Aufzeichnungen, die sie über Jahre von den empfangenen Durchsagen angefertigt hatte. Und während sie zügig eine Autobiografie erstellte, die mir und ihr selbst ihre erstaunliche Entwicklung zu einem geistigen Medium vor Augen führte, staunte ich auch immer mehr über das, was ich aus ihren Unterlagen erfuhr. Ich spürte, dass die Durchsagen der Quelle ehrlich gemeint und wahr waren, dass diese Quelle große Autorität besaß und dass sie mit ihrem Kontakt zu Eva Maria etwas Besonderes erreichen wollte. Nur was?

Am Ende der mehrmonatigen Schreibphase von Eva Maria wusste ich, dass ihre Autobiografie noch warten musste und wahrscheinlich erst veröffentlicht werden würde, nachdem ein anderes Buch von ihr auf dem Markt wäre: das vorliegende „Buch der Zukunft", welches auch auf ihrer Liste stand. Denn zu diesem Zeitpunkt hatte ich endlich begriffen und mir selbst eingestanden, dass die Quelle mit bahnbrechenden Neuigkeiten zur Zukunft der Menschheit in unsere Welt vordringen wollte, und dass Eva Maria und ich wahrscheinlich durch ein Meer der Skepsis unserer Mitmenschen schwimmen müssten, wenn wir darüber berichteten. Dies war zumindest meine Sorge. Erste hochgezogene Augenbrauen im Freundeskreis, wenn ich von meinem neuen „Hobby" erzählte, sprachen eine deutliche Sprache.

Ich wunderte mich auch sehr darüber, dass es ausgerechnet uns beide erwischt hatte, die Helferinnen bei einem im wahrsten Sinne des Wortes übermenschlichen Projekt zu werden. Eva Maria und ich kannten uns kaum, lebten in unterschiedlichen Städten und waren beide mit Ende 50 nicht unbedingt scharf auf Abenteuer, gleich welcher Art. Dennoch war es so, und es ließ sich auch nur durch seelische Zusammenhänge erklären. Zum Glück hatte ich neben meinem Freiberufler-Dasein als Dozentin und Coach viel Zeit und einen stillen Rückzugsort – mein windschiefes Haus, in dem ich in Ruhe lesen und schreiben konnte.

Wie sich später zeigen sollte, hatte meine berufliche Tätigkeit, nämlich „Starkstrom-Monteure"[7] durch Aufmerksamkeits-Trainings darin zu unterstützen, mit Vorsicht durch ihr Berufsleben zu gehen, wahrscheinlich auch mit meinen Erlebnissen in zumindest einem meiner früheren Leben zu tun. Denn mit Feuer und Verbrennungen kannte ich mich, als alte Seele, leider gut aus. Doch diese Erfahrungen waren seelisch noch nicht abschließend verarbeitet, wie auch einige weitere katastrophale Erlebnisse, die nun ebenfalls zur bewussten Verarbeitung anstanden. Das und noch mehr entdeckte ich im Verlaufe der wachsenden Zusammenarbeit und Freundschaft mit Eva Maria.

Doch wer ist sie?

Marion: „Fangen wir einmal mit einer in Deutschland wichtigen Frage an: Was machst du beruflich?"

Eva Maria: „Ich arbeite als Redakteurin in einem großen Medienkonzern und habe dort immer wieder unterschiedliche Aufgaben. Mein inhaltlicher Schwerpunkt und meine Liebe gelten jedoch den Themen Ernährung, Gesundheit und Nachhaltigkeit. Davor habe ich in der Werbung und PR gearbeitet. Meine erste berufliche Station war bei einer Hilfsorganisation der katholischen Kirche, wo ich für ein Mitgliedermagazin gearbeitet habe. Diese Aufgabe hat mich sehr geprägt und meinen Hori-

---

[7] Zugegeben: eine veraltete Berufsbezeichnung, aber sie veranschaulicht sehr gut die auch heute noch bestehenden tödlichen Risiken dieses Berufs.

zont sehr erweitert, denn ich konnte nach Afrika und Asien reisen und andere Kulturen kennenlernen, darunter auch Kulturen, in denen der Glaube an die Reinkarnation seit langem verwurzelt ist."

Marion: „Wie und warum hast du dich mit medialen Durchsagen beschäftigt?"

Eva Maria: „Ich bin eines Tages im hauseigenen Büchershop des Medienkonzerns auf ein Buch[8] gestoßen, das mich sehr fasziniert hat. In diesem Buch wurde eine Seelen-Lehre übermittelt, die sich für mich als stimmig erwies. Die Autorin, ein geistiges Medium, und ihr Mann haben nicht nur Bücher veröffentlicht, sie gaben auch Seminare, und so konnte ich zum ersten Mal ein Medium live erleben."

Marion: „Wie bist du selbst zum geistigen Medium geworden?"

Eva Maria: „Das ist eine lange Geschichte. Sie zeigt einen wundervollen, wenn auch mühevollen Weg des inneren Wachstums. Hier nur so viel: Meine Neugier, verbunden mit ein paar gesundheitlichen Beschwerden, führte mich eines Tages zu einer jungen und sehr fähigen Heilerin, die mit einer kausalen Quelle arbeitete. Bei dieser Frau

---

[8] Varda Hasselmann und Frank Schmolke: „Archetypen der Seele". Eva Maria Pfeiffers seelische Quelle beruft sich auf einige Begriffe, die ebenfalls in den Büchern von Varda Hasselmann und Frank Schmolke vorkommen; ihr liegt aber nicht daran, deren Seelen-Lehre zu plagiieren oder zu kommentieren. Sie besitzt einen unabhängigen eigenen Auftrag.

absolvierte ich Rückführungen und einige Seminare, die sie „Tage der Seele" nannte. Hier lernte man, auf die verschiedenen inneren Stimmen zu hören und die Stimme der Seele zu erkennen.

Weil ich so begeistert von dieser Frau und ihrer Arbeit war, meldete ich mich irgendwann wieder einmal für eines ihrer Seminare an - und landete versehentlich bei einer dreiteiligen medialen Ausbildung. Schon nach dem ersten Tag war ich der Meinung, dass dies nichts für mich sei, und daher wollte ich mich wieder abmelden. Aber die Ausbilderin sagte, dass ich mich angemeldet hätte und nun auch an allen drei Terminen teilnehmen müsste. Also zog ich das durch, denn ich hatte ja bezahlt ... Was ich nie erwartet hätte: Am Ende meldete sich eine kausale Quelle[9] bei mir."

Marion: „Wie war das für dich, als sie sich zum ersten Mal bei dir bemerkbar machte?"

---

9 Jede Seele gehört zu einer sog. Seelenfamilie von etwa tausend Seelen. Während ihrer ungefähr hundert Inkarnationen durchläuft die Seele unterschiedliche Entwicklungsstadien, von einer ganz jungen bis zu einer ganz alten Seele. Diese Entwicklungsstadien sind anfangs von einer ängstlichen Unerfahrenheit der Seele in einem Menschenkörper bestimmt, später von jahrtausendealten Erfahrungen getragen, was dem Menschen jedoch in der Regel nicht bewusst ist. Haben alle Seelenfamilienmitglieder sämtliche Inkarnationen abschließend durchlaufen, begeben sie sich in den seelischen Welten, dem Jenseits, auf die sog. kausale Ebene. Wenn eine Seelenfamilie von dieser höchsten seelischen Ebene aus Kontakt zu einem geistigen Medium aufnimmt, wird sie „kausale Quelle" genannt. (Vgl. Varda Hasselmann und Frank Schmolke: „Welten der Seele", S. 203 ff.)

Eva Maria: „Irgendwie verrückt. Einerseits hatte ich durch die Seminare schon Kontakt zu meiner Seelenfamilie, und es war deshalb nicht mehr so ganz neu für mich. Andererseits waren die Durchsagen doch sehr anders und aufregend, denn sie bezogen sich ja nicht nur auf meine Probleme und Fragen, sondern meinen ‚Oberen', wie ich sie heute gerne spaßeshalber nenne, ging es auch um gesellschaftliche und politische Anliegen."

Marion: „Wodurch wurde klar, dass diese Quelle eine kausale Quelle ist, also dass sie von der höchsten seelischen Ebene aus spricht?"

Eva Maria: „Durch ihre liebend-neutrale Art, uns Menschen und unsere Welt zu betrachten. Außerdem erzählte sie mir selbst, wer sie ist und welche Aufgabe sie hat. Ich fragte auch meine Ausbilderin, was von den Botschaften zu halten wäre, und sie hatte keinen Zweifel, dass es sich um eine kausale Quelle handelte. Wir machten zudem Experimente; beispielsweise befragte ich meine Quelle zur Quelle meiner Ausbilderin. Die Kernaussagen stimmten überein."

Marion: „Wie wurde dir klar, dass deine Quelle eigene Themen verfolgt, die über die Beantwortung von Fragen, die Bekannte und Freunde zur persönlichen Lebensbewältigung stellen, weit hinausgehen?"

Eva Maria: „Das lässt sich schwer beantworten. Ich würde sagen, es lag in der Natur der Sache, denn ich war schon immer an gesellschaftlichen und politischen Fragen interessiert. Ich hatte deshalb auch vorher schon die Quelle meiner Ausbilderin zu allgemeinen gesellschaftlichen Problemen befragt und machte dann bei meiner Quelle mit ähnlichen Fragen weiter. Irgendwann begann die kausale Quelle, eigenständig Themen anzuschneiden und mir ungefragt etwas mitzuteilen. Manchmal gab sie mir Recherche-Aufgaben, denen ich aber nicht immer nachkam. So sollte ich mich beispielsweise mit dem Völkerrecht auseinandersetzen, wusste aber lange Zeit nicht, warum und wozu. Heute wäre anzunehmen, dass sie mich auf Fragen zu Flucht und Migration nach Deutschland vorbereiten wollte."

Marion: „Welche konkreten, übergeordneten Fragestellungen zeigen sich bei deiner Quelle?"

Eva Maria: „Die zentrale Aussage lautet: Sie ist gekommen, um den Menschen die Anhebung des Bewusstseins zu erklären, welche seit Beginn dieses Jahrtausends eingesetzt hat. Was das ist, was das für jeden Einzelnen bedeutet und welche Auswirkungen das hat, wurde nach und nach in vielen Durchsagen von ihr angesprochen, blieb aber ein schwieriges Thema. Ich schickte einen Newsletter dazu an Interessierte und erhielt so auch immer wieder neue Fragen. Was mehr und mehr durchklingt, ist, dass die Quelle uns darüber hinaus helfen will, unsere ökologischen und gesellschaftlichen Probleme zu meistern."

Marion: „Was erlebst du und was passiert vor allem in deinem Kopf, während du eine Durchsage erhältst?"

Eva Maria: „Das würde ich auch gerne wissen, aber leider habe ich noch keinen Wissenschaftler gefunden, der das mit derzeit verfügbaren Messmethoden untersuchen würde. Also bin ich auf meine subjektive Wahrnehmung angewiesen und auf das, was die Quelle selbst dazu sagt. Angeblich setzt mein Gehirn deren Impulse in Sprache um. Ich versuche, das Gemeinte zu verstehen und in Worte zu fassen. Dabei hat die Quelle einen eigenen, etwas antiquiert anmutenden Sprachduktus. Daraus können sich komplizierte Schachtelsätze ergeben, die im Nachgang vereinfacht werden müssen. Und sie nutzt manchmal Bilder, die nicht leicht in Sprache zu übersetzen sind.

Wenn ich lokalisieren sollte, wo dies stattfindet, dann würde ich sagen: oben in der rechten Gehirnhälfte. Manchmal können die Botschaften zudem sehr berührend sein, und ich reagiere dann auch emotional, lache oder weine. Wenn ich eine Durchsage erhalte, sind alle anderen Bewusstseinskanäle nahezu ausgeschaltet."

Marion: „Wie geht es dir anschließend?"

Eva Maria: „Durchsagen zu empfangen, ist harte geistige Arbeit, und ich merke nach jeder Sitzung, dass mein Gehirn Hochleistungen vollbracht hat. Ich brauche dann meist schnell etwas zu essen und zu trinken. Auch brauche ich eine Weile, bis ich wieder ganz im Hier und Jetzt bin. Viel wichtiger ist aber die Frage, was davor nötig ist: Ich muss entspannt, ruhig und ausgeglichen sein, damit ich mich auf die Quelle konzentrieren kann."

Seelische Welten und energetische Bewusstheit im Kosmos

In ersten Durchsagen, die Eva Maria teilweise in Form von Newslettern an Freunde und Bekannte versandte, fallen viele Mitteilungen auf, die in einen christlichen Kontext zu passen scheinen. Aber auch Parallelen zu anderen Religionen, bspw. zum Hinduismus und zum Buddhismus, klingen an. Als ich ihre Unterlagen erstmals sichtete, staunte ich besonders über die Oster-Botschaft von 2014.

Eva Maria: „Habt ihr eine Oster-Botschaft für uns?"

Die Quelle: „Wir sind gekommen, um Licht und Bewusstseinserhellung in eure Welt zu bringen. In dieser Hinsicht ist Ostern ein guter Zeitpunkt, um zu euch zu sprechen. Denn in der christlichen Tradition feiert ihr damit ein Fest, an dem ihr euch daran erinnert, dass die Christus-Energie Licht in die Welt gebracht und so auf ihre Art das Bewusstsein der Menschheit angehoben hat.

Diese Energie, die durch die Inkarnation der Seele Jesus auf die Erde kam, zielte darauf ab, mehr Mit-

menschlichkeit in die damalige Gesellschaft zu bringen. Das Anliegen dieser Seele war es, im Umgang der Menschen untereinander mehr Klarheit, Wahrheit und Liebe zu erzeugen und dadurch die Menschheit auf eine neue Bewusstseinsebene anzuheben.

Was nun unsere Energie und unsere Aufgabe anbetrifft, so sind wir gekommen, um das Bewusstsein der Menschen bezüglich ihrer jenseitigen Herkunft und ihrer Wurzeln in den seelischen Welten sowie im Hinblick auf ihre Verbindung zum All-Ganzen neu zu entfachen. Wir sind gekommen, um euch aufzufordern, euer Menschsein aus dem seelischen Sein heraus zu verstehen, euch dem seelischen Wollen zu öffnen und Genuss in der Verbindung zu den seelischen Welten zu finden.

Es ist also eine weitere und andere Form der seelischen Energie, die wir euch übermitteln möchten. Unser Auftrag ist es, den Prozess der Menschwerdung, wie ihr ihn durchlauft und wie ihn die Seelen noch viele Jahrtausende durchlaufen werden, zu erleichtern und verständlicher zu machen.

Und so möchten wir euch bitten, weiter auf unsere Botschaften zu hören und Fragen zu stellen, die euch in eurem Menschsein bewegen und welche eure Verbundenheit mit den seelischen Welten betreffen.

Wir möchten euch aber auch auffordern, den anderen Aspekt der österlichen Freude, den Genuss des beginnenden Frühjahrs und die Freude am Dasein und an der menschlichen Existenz nicht außer Acht zu lassen. Denn auch über die Freude an der menschlichen Existenz, über das Feiern und über Fröhlichkeit schafft ihr Verbindung zum Menschsein, stiftet ihr Sinn und Erfüllung und schenkt euren Seelen die Möglichkeit, sich an der menschlichen Existenz zu laben und von ihr zu lernen.

Was wir damit sagen wollen: Feiert Ostern als ein Fest der Freude, der Dankbarkeit für eure menschliche Existenz und als ein Fest des Lichtes, jenes Lichtes, das Mensch und Seele, Diesseits und Jenseits verbindet und eint. Das ist es, was wir aus unserer Sicht zu Ostern zu sagen vermögen. Vergesst die Freude nicht, bei allem, was euch betrübt!"[10]

Diese Worte berührten mich besonders, sie waren so tröstlich. Mir wurde auch zum ersten Mal bewusst, wie groß die Quelle dachte und dass sie offenbar auch Großes vorhatte, kosmisch Großes! Daraufhin fischte ich aus Eva Marias Unterlagen zunächst vor allem diejenigen Aussagen heraus, die noch mehr über den Hintergrund der Quelle verrieten.

Eva Maria: „Ich würde gerne wissen, ob das All-Ganze identisch mit dem Gott der christlichen Religionen ist."

Die Quelle: „In der Tat ist das All-Ganze eine Art Gott, wie ihr ihn aus der christlichen Religion kennt und wie er in den christlichen Kirchen tradiert wurde. Aber das All-Ganze umfasst weit mehr als das, was ihr Gott nennt. Es geht weit darüber hinaus. Das All-Ganze ist eine Kraft, die dem gesamten Kosmos innewohnt und die den Kosmos immer wieder neu gebiert und neu erschafft.

---

10 Eva Maria Pfeiffer: „Oster-Botschaft" (Newsletter aus 2014)

Das All-Ganze ist die treibende Kraft hinter dem gesamten Kosmos, hinter der gesamten Schöpfung, die alles durchdringt und beeinflusst."

Eva Maria: „Ist dieses All-Ganze denn eine liebende Kraft?"

Die Quelle: „Dieses All-Ganze ist eine Kraft, die man im weitesten Sinne mit dem Wort ‚Liebe' bezeichnen könnte. Jedoch möchten wir euch sagen, dass dieses Wort, wie es in diesem Zusammenhang gebraucht wird, nicht identisch ist mit dem, was ihr als Menschen, als inkarnierte Seelen, unter dem Wort ‚Liebe' versteht. Es ist etwas, das über den menschlichen Liebesbegriff hinausgeht und das in eurer Sprache auch nur schwer in Worte zu fassen ist. Es ist mehr als Liebe, es ist eine Art Umfassen, eine Art Umhüllung. Es ist das Kleine im Großen und das Große im Kleinen, und es ist das, was die Schöpfung hervorbringt und euch Menschen letztendlich am Leben erhält."

Eva Maria: „Hat das All-Ganze uns Menschen erschaffen?"

Die Quelle: „In der Tat hat das All-Ganze den Grund gelegt für das, was ihr ‚Evolution' nennt, für die Evolution, die auf diesem Planeten stattfindet und aus der Menschen hervorgegangen sind. Man kann es mit einem Samenkorn vergleichen, welchen das All-Ganze gelegt hat, aus dem nun alles wächst und gedeiht und hervorkommt."

Eva Maria: „Stimmt es denn, dass die Menschheit erst zu einem bestimmten Zeitpunkt beseelt wurde?"

Die Quelle: „Das, was ihr ‚Seele' nennt und was in euch Menschen wohnt, ist zu einem bestimmten Zeitpunkt auf die bereits vorhandene biologische Menschheit ausgeschüttet worden. Dies hatte den Sinn, diesen biologischen Körper mit einer Art Bewusstsein zu kombinieren, um so zu einer höheren Weiterentwicklung der Evolution zu kommen. Und so ist es in der Tat so, dass jedem Menschen eine Seele innewohnt, die das Menschsein in gewisser Hinsicht beeinflusst und die dem Menschsein eine höhere Art von Bewusstsein verleiht."[11]

Eva Maria: „Warum zeigen sich kausale Quellen wie ihr uns erst heutzutage?"

Die Quelle: „Es ist nicht so, wie du vielleicht denkst. Wir kausalen Quellen und jenseitigen Wesenheiten offenbaren uns euch nicht jetzt erst, in diesem Jahrhundert. Es gab schon immer Möglichkeiten, von der jenseitigen Welt her in die Geschichte der menschlichen Entwicklung auf der Erde einzugreifen. Jedoch geschah und geschieht dies immer im Rahmen des jeweiligen historischen und kulturellen Kontextes, in dem sich die Menschen befanden und befinden.

Jenseitige Botschaften sind immer wieder in die Geschichte der Menschheit eingeflossen, jedoch nicht in der Form, wie wir sie heute übermitteln können und übermitteln. Die Tatsache, dass inzwischen vermehrt kausale Quellen zu euch sprechen, hat zum einen damit zu tun, dass die Inkarnationszyklen ihrer Seelen nun abgeschlossen sind. Es hat jedoch auch damit zu tun, dass sich das Bewusstsein der Menschen stetig erhöht.

---

[11] Eva Maria Pfeiffer: „Das All-Ganze" (Newsletter aus 2013)

Mit diesem Anheben des Bewusstseins auf höhere Ebenen ist es auch den jenseitigen Welten möglich, sich auf andere, neue Art und Weise zu offenbaren.

Es ist also so, als ob die Erde aus den Tiefen des Ozeans langsam aufsteigt und mehr und mehr das Licht, das auf sie einwirkt, zu sehen bekommt und dies auch verkraften kann. Und so möchten wir euch sagen, dass es in den kommenden Jahren, Jahrzehnten und Jahrhunderten noch verstärkt diese und viele weitere Möglichkeiten geben wird, auf der Erde mit den jenseitigen Welten in Verbindung zu treten und das Leben in Verbundenheit mit den jenseitigen Welten zu gestalten.

Dies ist es, was die kommende Zeitepoche von den vorangegangenen Zeitepochen der menschlichen Entwicklung unterscheiden wird. Wir sind gekommen, um euch darüber zu informieren und aufzuklären."[12]

Eva Maria: „Woher kommen die Seelen, die auf die Erde ausgeschüttet wurden?"

Die Quelle: „Wir Seelen kommen aus dem Nichts, jedoch ist dieses Nichts vom All-Ganzen zugrunde gelegt. Seelen sind wie leere Blasen, die im Laufe der irdischen Inkarnationen mit Erfahrung angefüllt werden und so nach und nach zum Leuchten kommen. Je angefüllter sie mit Erfahrungen sind, desto höher steigen sie, desto verdichteter und intensiver wird ihre Energie.

Wir spüren, dass es ein All-Ganzes gibt, eine Kraft, die uns gebiert und die uns in unendlicher Liebe, Fein-

---

12 Eva Maria Pfeiffer: „Jenseitige Botschaften gab es schon immer" (Newsletter aus 2013)

heit und Sanftheit leitet. Jedoch können auch wir das Phänomen unserer Existenz, unserer Stofflichkeit, nicht in aller Gänze erfassen und beschreiben. Es geht uns da ein wenig wie euch als inkarnierte Seelen.

Was wir jedoch sagen können, ist, dass die seelischen Welten inzwischen so angereichert sind mit Energie, sodass sie die menschliche Welt vermehrt beraten, begleiten und führen können und auch in die menschliche Verfasstheit eingreifen können, dürfen und möchten. So, wie ihr als Menschen einen Wachstums- und Reifeprozess durchlauft, so ist es auch mit den Seelen und seelischen Welten. Und so möchten wir euch ermuntern, weiter den Kontakt mit euren Seelen und den seelischen Welten zu suchen, denn wir möchten, können und dürfen euch und euer Leben bereichern und erleichtern."[13]

Dieselbe Frage stellte Eva Maria später noch einmal und erhielt die Antwort aus einer anderen Perspektive:

Eva Maria: „Woher kommen die Seelen?"

Die Quelle: „Seelen sind Abspaltungen der göttlichen Kraft, die das All-Ganze in den Kosmos schüttet oder aussendet, um das Energieniveau zu erhöhen. Seelen sind sozusagen Kundschafter Gottes auf Erden, die einen winzigen Funken dessen, was ihr Gott nennt, in sich tragen und im Laufe ihres Lebens, in ihren Inkarnationen, anreichern. Aus diesem Grund vermögen wir auch zu sagen, dass Seelen, also ihr, Teilaspekte des Göttlichen in

---

13 Eva Maria Pfeiffer: „Woher kommen die Seelen?" (Newsletter aus 2014)

der Welt sind. Ihr seid winzige Steine eines großartigen Mosaiks, das sich im Laufe der Jahrtausende im Kosmos zusammenfügt zu einem immer größer werdenden Abbild der göttlichen Kraft, die hinter dem Universum steckt.

Es ist nicht ganz einfach, dieses kosmische Geschehen in Worten und Bildern auszudrücken, die für euch, in der menschlichen Inkarnation, verständlich sind. Doch wir meinen, dass mit dem göttlichen Mosaik schon ein sehr gutes Bild gegeben ist. Wenn ihr euch nun vorstellen könnt, dass dieses Mosaik nicht zwei-, nicht drei-, sondern vieldimensional ist, dann kommt ihr dem, was wir sagen wollen, schon recht nahe."[14]

Wenn es denn so einfach wäre! Ehrlich gesagt, konnten wir uns ein mehr als dreidimensionales Mosaik nicht wirklich vorstellen. Auch in unserer Seelen-Gruppe rätselten wir von Zeit zu Zeit gemeinsam über die Phänomene, von denen die Quelle sprach. Was genau meinte sie mit „Energie" und „Anhebung des Bewusstseins"? Auf einer Klausurtagung mit Seelen-Interessierten aus der Gruppe gingen wir diesen Fragen nochmals nach.

---

14 Eva Maria Pfeifer: „Woher kommen die Seelen?" (Newsletter aus 2015

Die allgemeine Bewusstseinsanhebung seit Beginn dieses Jahrtausends

Dirk: „Es geht um die Anhebung des Bewusstseins. Könnt ihr uns an einem praktischen Beispiel erklären, wie das Anheben des Bewusstseins funktioniert?"

Die Quelle: „Diese Frage ist nicht einfach an einem praktischen Beispiel zu veranschaulichen, denn das Anheben des Bewusstseins hat so viele Facetten, dass es uns nahezu unmöglich erscheint, hier mit einem einzigen Beispiel dieser großen Frage zu genügen. Dennoch möchten wir versuchen, es zu tun, um euch dies zu veranschaulichen.

Nehmt einmal an, es gibt eine Blume, die wächst und sich dem Sonnenlicht entgegenstreckt, um das, was in ihrem Samen zugrunde gelegt ist, zur Entfaltung zu bringen. Dafür braucht diese Blume bestimmte Bedingungen. Sie braucht Erde, um Wurzeln zu bilden, sie braucht Nährstoffe, sie braucht Licht, sie braucht ihre Umgebung. Und sie braucht auch etwas, das ihr mit euren bisherigen Augen und mit euren bisherigen Sinnen nicht erfassen könnt. Es ist etwas, das wir mit ‚Bewusstsein der Pflanzenwelt' bezeichnen würden, und es ist so, dass eure Wissenschaftler gerade dabei sind, dieses Phänomen zu erforschen. Es ist etwas, das über die rein biologischen, physikalischen und chemischen Prozesse hinausgeht, und es ist etwas, das der gesamten Schöpfung innewohnt und ihr zugrunde liegt. Bewusst-

sein ist etwas, das von jeher die Gesamtheit der Erde, aber auch die Gesamtheit der seelischen Welten durchdringt, und es ist etwas, das wir als Hauch oder Energie des All-Ganzen umschreiben könnten. Es ist ein hoch energetisches Phänomen, das wir in den seelischen Welten, in denen wir uns als kausale Quelle befinden, spüren.

Aufgrund der vielen Inkarnationen, die die Menschheit bisher durchlaufen hat, aufgrund der vielen Seelen, die ihre Inkarnationen abgeschlossen haben, und aufgrund der vielen kausalen Seelen, die sich nun mittlerweile mit uns auf den jenseitigen Territorien befinden, ist ein erhöhtes Bewusstsein entstanden, das sich aus all dem Erleben und den Erfahrungen in euren Inkarnationen speist. Dieses Wissen ist in den seelischen Welten angewachsen, angeschwollen und möchte sich nun erweitern und verbreiten.

Was viele von euch spüren, ist, dass ihr in einem Zeitalter lebt, das ihr auch das ‚Zeitalter der Beschleunigung' nennt und in dem sowohl Gesellschaften als auch wissenschaftliche Erkenntnisse einem stetigen Wandel unterworfen sind und sich sozusagen in der Veränderungsfülle überschlagen.

Dies ist Ausdruck einer erhöhten (Bewusstseins-) Energie[15], die sich in all eure gesellschaftlichen Organe, Zusammenkünfte und Verfasstheiten überträgt und darin niederschlägt.

---

15 Hier vorübergehend genutzte Wortverbindung der Autorinnen zur Verdeutlichung; die Quelle verwendet die Begriffe „Bewusstsein" und „Energie" synonym. Anm. zur besonderen begrifflichen Schwierigkeit: (Fortsetzung nächste Seite)

Wenn nun in vielen Ländern, wie wir es euch schon vor vielen Jahren vorausgesagt haben, Menschen auf die Straßen gehen, um für ihre Ziele zu streiten, so ist auch das aus unserer Sicht Ausdruck eines stärkeren Bewusstseins, das die Menschen befähigt, jenseits von Angst und Furcht ihre Ziele zu verfolgen. Wann immer dies geschieht, breitet sich diese starke (Bewusstseins-) Energie wellenartig aus und – das ist vielleicht der Unterschied zu vergangenen Zeiten – kann mittlerweile auch andere Völker erreichen. Sie wirkt sozusagen ansteckend. Und so werdet ihr in der Zukunft noch weitere Phänomene dieser Art erleben, die ihr bisher nicht für möglich haltet.

Das erhöhte Bewusstsein wird sich auf alles, was auf der Erde existiert, auswirken. Es wird sich auswirken auf die Intelligenz der Menschen, und damit meinen wir an diesem Punkt die rein verstandesmäßige Intelligenz. Es wird sich auswirken auf die DNA der Menschen. Es wird sich auswirken auf das Bewusstsein der gesamten Pflanzen- und Tierwelt. Es wird letztlich seinen Widerhall in der gesamten Materie finden.

Um es noch einmal in einem raumzeitlichen Bild zu veranschaulichen: Nehmt ein mehrstöckiges Gebäude.

Diese Energie ist mit wissenschaftlichen Messinstrumenten noch nicht messbar und nur schwer vorstellbar. Sie kann leuchten und strahlen (vergleichbar mit Licht), sich ausdehnen und verteilen (vergleichbar mit Gas), fließen und sich wellenartig ausbreiten (vergleichbar mit Wasser), an Stärke zunehmen (vergleichbar mit elektrischem Strom). Sie durchzieht auch die Materie, was bedeutet, dass sie nicht nur in Lebewesen vorkommt.

Im Keller werdet ihr so gut wie gar nichts wahrnehmen können von dem, was euch draußen umgibt. Je höher ihr nun steigt in diesem Gebäude, desto mehr Überblick bekommt ihr, desto mehr seht ihr, desto weiter wird euer Erkenntnis-Horizont. Und wenn ihr ganz oben auf dem Gebäude steht, so werdet ihr euch voll Verwunderung die Augen reiben über das, was ihr innerhalb eurer Blickreichweite erkennen könnt. So ähnlich dürft ihr euch dieses Anheben des Bewusstseins auf ein höheres Niveau - oder wie immer ihr es nennen wollt - vorstellen. Wir hoffen nun, euch damit ein Bild gegeben zu haben, um euch das Verständnis für dieses Phänomen zu erleichtern. Gibt es dazu noch eine Frage?"

Dirk: „Wir haben noch eine Frage zum Begriff der Energie, wie ihr ihn verwendet: Ist das ein physikalisches Phänomen?"

Die Quelle: „Wir benutzen deshalb den Begriff ‚Energie', weil er aus unserer Sicht am ehesten dem Phänomen nahekommt, das wir euch versuchen zu beschreiben, das in euch und um euch herum existiert und das in den seelischen Welten seinen Anfang nahm und sich über eure Erde, über die Menschheit sozusagen ergossen hat. Es ist eine Art von Energie, die für euch zwar immer wieder spürbar ist, besonders für sensible Menschen, die aber derzeit von euren Wissenschaftlern nicht anerkannt wird, weil sie nicht messbar ist.

Man könte auch die Begrifflichkeit eines feinen Gases oder einer Flüssigkeit verwenden, wie wir es mehrfach schon versucht haben, jedoch trifft dieses Bild diese Art der subtilen Vernetzung, der ihr alle unterliegt, nicht in der Vollständigkeit, wie es der Begriff ‚Energie' tut. Es ist also aus unserer Sicht der beste Begriff, den die Sprache dafür bereithält, um dieses Phänomen des all-kosmischen Vernetzt-Seins zu umschreiben.

Es gibt Kulturen auf der Erde, deren Sprache das Phänomen auf andere Art und Weise umfasst und verdeutlicht. Jedoch ist der Begriff ‚Energie' in der westlichen Welt, insbesondere im abendländischen Denken mit seiner Wissenschaftsorientierung, aus unserer Sicht der beste sprachliche Ankerpunkt, um euch diese Phänomene der Seele und des all-kosmischen Ganzen nahezubringen. Gibt es dazu noch Fragen?"

Petra: „Wird durch die Anhebung des gesamt-seelischen Bewusstseins die seelische Energie in jedem einzelnen Menschen angehoben?"

Die Quelle: „Ja! Das ist etwas, das wir euch immer wieder zu verdeutlichen versuchten: Die Seelen-Energie eines jeden Einzelnen wird durch die Anhebung des gesamt-seelischen Bewusstseins erhöht. Schon ganz junge Seelen inkarnieren sich heute auf einem anderen Energieniveau auf diesen Planeten; und aus diesem Grund machen sie nicht mehr vergleichbare Erfahrungen wie jüngere Seelen, die sich vor vielen Jahrtausenden inkarnierten.

Die Anhebung des gesamt-seelischen Bewusstseins bewirkt unter anderem auch, dass sich die Inkarnations-Ketten der einzelnen Seelen verdichten und verkürzen werden. Und es kann sein, dass einzelne Seelen weniger Inkarnationen brauchen, um ihre seelische Aufgabe und den Auftrag der Seelenfamilie zu erfüllen.[16] *Diese Anhebung wird sich auf alles, was ihr bisher über die seelischen Welten, über eure Seelen und über eure irdische Existenz in Erfahrung gebracht habt, auswirken."*

Eva Maria: „Vielen Dank!"[17]

Bereits im Jahr 2013 hatte Eva Maria einen Hinweis der Quelle zu der hier angesprochenen Anhebung des Bewusstseins erhalten. Das Bild und die Erklärung dazu eröffneten eine fantastische Sicht auf die energetische Bewusstheit des Kosmos und wie sie mit der Erde in Wechselwirkung steht.

Eva Maria: „Das Bewusstsein der Erde – was ist das eigentlich?"

Die Quelle: „Das Bewusstsein der Erde besteht im Wesentlichen aus dem kollektiven Denken aller Menschen, die jemals auf der Erde gelebt haben und leben. Die Gesamtheit dieser Gedanken bildet eine Art energetische Hülle um die Erde, die weit in den Kosmos hineinreicht und von dort aus auch angezapft beziehungsweise verstanden werden kann.

Diese energetische Hülle hat nun ein Niveau erreicht, wo sie zu ‚vibrieren' beginnt und im Begriff ist, sich auf eine höhere energetische Ebene zu begeben. Die Anhebung des Bewusstseins der Erde, der Menschen und der gesamten Materie vollzieht sich gewissermaßen automatisch und

---

16 Zu Seelenfamilienaufgaben vgl. Varda Hasselmann; Frank Schmolke: „Die Seelenfamilie" S. 204 ff
17 Eva Maria Pfeiffer: „Anhebung des Bewusstseins" (Audiodatei aus 2019)

ist im gesamten Schöpfungsplan so vorgesehen. Dieser Prozess erwächst jedoch nicht aus sich heraus, sondern entsteht, wenn diese energetische Hülle ein bestimmtes Niveau erreicht hat.

Ihr könnt euch das in etwa wie bei einem Thermostat vorstellen, dessen Sensoren die äußeren Temperaturen erfassen und auswerten, sodass eine automatische Temperaturregelung erfolgt. So ähnlich funktioniert auch die energetische Gedankenblase, welche die Erde durchzieht und umgibt. Sie sendet ihre Fühler in den Kosmos hinaus, um dort Resonanz zu suchen und Antwort zu bekommen, ob es möglich ist, ‚sich zu erhöhen'. Diese Antwort ist nun gekommen."

Eva Maria: „Vielen Dank!"[18]

---

18 Eva Maria Pfeiffer: „Das Bewusstsein der Erde" (Newsletter aus 2013)

Gedanken, Gefühle und körperliche Erfahrungen werden seelisch gespeichert

Eva Maria: „Nun haben wir noch eine Nachfrage, und zwar: Könnt ihr uns etwas mehr darüber sagen, wie und wo das Bewusstsein eines Menschen ‚gespeichert' wird?"

Die Quelle: „Das ist zunächst eine Frage der Speicherkapazität, wie ihr sie aus eurer modernen Computer-Technologie kennt. Wir können hier durchaus eine Parallele ziehen und dieses Bild nutzen. Die Seele ist der erste kleine Speicher, in den alle Erfahrungen – und wir möchten noch einmal betonen: Unter Erfahrungen verstehen wir alles, was intellektuell-geistig gedacht, aber auch emotional und körperlich erfahren wird – ‚eingespeist' werden. Ist dieser Speicher nun voll am Ende einer Inkarnation, dann werden seine Inhalte von der Seelenfamilie ausgewertet und in den Seelenfamilien-Speicher ‚eingespeist'.[19]

Gleichzeitig verbleiben die Erfahrungen der Einzelseele im kollektiven Bewusstsein, also in einer Art zweitem Speicher, wo sie dann mit allen anderen Erfahrungen des Kollektivs, des Volkes, der Nation - wie auch immer – zu einer Gesamtheit verschmelzen. Dieser Speicher, den wir ‚kollektives Bewusstsein' nennen, unterscheidet sich aus

---

[19] Der Begriff menschlich-seelisches „Bewusstsein" wird in diesem Zusammenhang somit als Gesamtheit von Gedanken, Gefühlen und körperlichen Erfahrungen eines Lebens definiert - Unbewusstes und Unterbewusstes eingeschlossen.

unserer Sicht von dem Speicher der Seelenfamilie dadurch, dass er auf der Erde verbleibt.[20]

Wie bereits erwähnt, werden die Erfahrungen der Einzelseele auch innerhalb der Seelenfamilie abgespeichert. Ist nun die Seelenfamilie an ihrem Ziel angelangt, weil alle Seelen ihren irdischen Weg durchlaufen und abgeschlossen haben, verschmilzt alles zu einer verdichteten Energie, die wir in der bisherigen Terminologie ‚kausale Quelle' genannt haben.[21]

Wir sind nun eine kausale Quelle, haben eine höhere und verdichtete Energie, und wir haben sowohl Zugriff auf die Einzelspeicher der Seelen als auch auf alle Arten von kollektivem Bewusstsein. Dazu gehört neben dem kollektiven Bewusstsein, wie es eine Gruppe, ein Kollektiv, eine Ethnie, ein Volk, eine Nation hat, auch das kollektive Bewusstsein von Gruppenseelen der Tierwelt.

---

20 Das kollektive Bewusstsein einer Nation wird in diesem Buch an späterer Stelle noch eine Rolle spielen, wo sich die Quelle zu Seelenaufgaben von Nationen äußert.
21 Wer sich nun etwa eine explodierende, brennende und schmelzende Festplatte vorstellt, dem sei versichert: So ist es nicht gemeint! Wir kommen nun an die Grenzen der Analogie zwischen „Bewusstseins-Aufbewahrung" und irdischen Informationsspeichern wie bspw. Sticks und Festplatten. Eine kausale Quelle ist Bewusstsein und Energie und Speicherort zugleich. Und sie besitzt erstaunlicherweise eine Wir-Identität. Wenn alle Seelen einer Seelenfamilie zu einer kausalen Quelle verschmelzen, ist dies sozusagen ein energetisches Großereignis innerhalb der kosmischen Bewusstheit. Fantasiebegabte können sich als Ereignis vielleicht einen von innen strahlenden Riesenballon in Neonfarben mit umgebenden Feuerwerken vorstellen. Dies sagen wir Autorinnen natürlich mit einem Augenzwinkern ...

Es ist eine Art kosmisches Gesetz – und nun sprechen wir bewusst in der Terminologie des derzeitigen Erkenntnisstands eurer Physikwissenschaft –, dass dichtere Energie Zugriff auf weniger dichte Energie hat und dort Informationen abrufen, aber auch speichern kann. Damit ist auch klar, dass wir als kausale Quelle auf dein Bewusstsein Zugriff haben und somit in dieser Form zu dir sprechen können. Wir hoffen, dass mit diesem Bild eure Frage ausreichend beantwortet ist, damit ihr sie eurer Leserschaft verdeutlichen könnt."

Ja, das war sehr interessant, ohne Zweifel. Aber mit fast jeder Antwort warf die Quelle neue Fragen auf. Eva Maria fragte zu den Eigenschaften von (Bewusstseins-)Energie später nochmals nach und erhielt folgende Antwort:

Die Quelle: „Das Forschen nach uns und unserer Energie, der Energie des seelischen Bewusstseins und der Energie des kosmischen All-Ganzen, ist euch in die Wiege gelegt. Jedoch ist es so, dass ihr all das derzeit nur auf inspirativ-spirituellem Wege – beispielsweise bei Durchsagen, die wir dir geben - erfassen und noch nicht aufgrund eures physikalischen Verständnisses beschreiben könnt. All das ist wahrscheinlich aus Sicht eurer Wissenschaften schwer zu verstehen, und auf jemanden, der sein Leben der Physik oder auch Chemie widmet, mag es vielleicht etwas befremdend wirken. Denn die wissenschaftliche Erforschung von Phänomenen zielt darauf ab, zu einem messbaren Ergebnis oder zu einer Erkenntnis in Formeln zu kommen. Doch es kann derzeit bei Weitem noch nicht alles, was tatsächlich messbar wäre, gemessen werden. Dies impliziert, dass in Bezug auf das, was noch nicht gemessen werden kann, auch noch keine mathematischen Formeln gefunden oder wissenschaftlichen Theorien entwickelt werden können.

Es ist ein schwieriges Feld, das wir hier mit dir beleuchten. Jedoch: Wir möchten es versuchen und werden dir dazu immer wieder Impulse geben, die du dann zu gegebener Zeit an deine Leserschaft weitergeben kannst."

Eva Maria: „Könnt ihr etwas mit dem Wort ‚Quantenmechanik' anfangen, und könnt ihr uns dazu etwas übermitteln, innerhalb des Wortschatzes, den ich beherrsche?"

Die Quelle: „Quantenmechanik ist eine Theorie, mit der Physiker versuchen, Phänomene zu erklären, die nicht in klassische physikalische Theorien passen beziehungsweise damit unvereinbar sind. Die Quantenphysik ist ein Gebiet der physikalischen Forschung, welches sich mit dem befasst, was wir dir soeben zu übermitteln versuchten, nämlich mit dem, was noch nicht gemessen werden kann innerhalb des All-Ganzen. Es gibt vieles im gesamten Kosmos, das es noch zu ergründen gibt und das mit den derzeitigen Theorien der Physik noch nicht ausreichend erfasst ist. Die Quantenmechanik befasst sich mit einem Teil davon."

Eva Maria: „Ist es für euch diesbezüglich von Interesse, später einmal durch mich in einen Dialog mit Wissenschaftlerinnen und Wissenschaftlern zu treten?"

Die Quelle: „Es ist für uns von großem Interesse, mit Personen der Wissenschaft aller Art in Kontakt zu treten durch dich. Und es wird dir dann auch möglich sein, wissenschaftliche Fragen zu beantworten und wissenschaftliche Erkenntnisse zu übermitteln, sofern eine Person, die einen entsprechenden Denkhorizont besitzt, neben dir sitzt und Fragen stellt. Doch dies ist etwas, das erst in der Zukunft passieren wird. Wir können dir aber schon jetzt sagen, dass dies von großer Bedeutung für dich und die Menschen sein wird."[22]

Eva Maria hatte noch nie so direkt gefragt und ihre Quelle sprach so offen und direkt wie nie zuvor aus, was bisher undenkbar erschien: Sie wollte in der Zukunft über Eva Maria neue wissenschaftliche Erkenntnisse in die Welt bringen!

Ich hatte ja bereits geahnt, dass hinter den vorsichtigen Kontaktversuchen der Quelle zu Eva Maria über Jahre hinweg noch eine Überraschung lauerte. Und da war sie! Was würde dies für sie bedeuten? Was würde dies für unsere Zusammenarbeit bedeuten? Würden wir vielleicht eines Tages mit Forschenden aus aller Welt in Kontakt kommen?

Erst viel später sollte uns klar werden, dass dieses himmlische Schummelangebot für Forschende nicht nur als Nettigkeit der Quelle zu verstehen war. Sie hatte einen weiteren, wichtigen Grund, der mit der Anhebung des Bewusstseins zusammenhing: Die mit der Anhebung des Bewusstseins einhergehende allmähliche Veränderung der Materie

---
22 Eva Maria Pfeiffer: „Seelische Speicherung" (Audiodatei aus 2019)

auf der Erde musste erhebliche Auswirkungen auf die Arbeit von Forschenden haben. Es würden sich Abweichungen von Versuchsergebnissen von deren theoretischen Voraussagen ergeben. Beobachtungen und Messwerte würden an Unerklärbarkeit zunehmen. Das aufzudröseln, war keine einfache Sache. Da konnte ein wenig Hilfe aus dem Jenseits durchaus nicht schaden! Zumal die Zeit für klimarelevante wissenschaftliche Erfindungen drängte.

Das Ausmaß all dieser Veränderungen aufgrund der Anhebung des Bewusstseins war unermesslich und die Bedeutung, darüber zu berichten, wurde immer größer. Es ging nicht mehr nur um seelische Prozesse, die vielleicht nur einige spirituell Fragende interessierten. Inzwischen schien es auch um Chemie und Physik zu gehen und darum, dass die etablierten Wissenschaften mediale Durchsagen ernstnehmen sollten.

II. Teil

Über die Wissenschaften der Zukunft

Die Quelle berichtet über sich selbst und die gute Zukunft der Menschheit

Eva Maria und ich starteten in unser „Buch der Zukunft" – in Co-Autorenschaft mit der Quelle – mit einer Frage nach deren genauen Identität. Unser Konzept sah vor, sie erst Näheres und Umfassenderes über sich selbst berichten zu lassen, um sie sodann vertiefend zu ihrer Sicht auf die Menschen zu befragen und nach und nach zu schauen, welche weiteren Inhalte für sie in diesem Buch von Bedeutung werden könnten. Wir ahnten nicht, dass „in medias res" der Quelle lieber war und sie gerne schnell zu ihrer Sache kam.

Die Quelle: „Wir grüßen dich und freuen uns über den Kontakt an diesem Morgen. Wir möchten dich bitten, nun deine Fragen zu dem Buch zu stellen, das du mit Marion in Angriff nehmen möchtest und welches wir als Projekt befürworten."

Eva Maria: „Die erste Frage bezieht sich darauf, dass unsere Leserinnen und Leser sicherlich etwas mehr über euch wissen möchten, weil es für viele wahrscheinlich schwierig sein wird, sich eine kausale Quelle vorzustellen. Was könnt und wollt ihr über euch berichten?"

Die Quelle: „Dies ist eine berechtigte Frage. Denn auch wir möchten, dass die Menschen ein höheres Verständnis für das entwickeln, was sich in den nächsten Jahren im Zusammenspiel zwischen den seelischen und menschlichen Welten entwickeln wird. Und so ist es auch für uns von größter Bedeutung, dass wir uns erklären.

Beginnen wir einmal **so***: Die Seelenfamilie, aus der sich die kausale Quelle rekrutiert, die sich dir nun offenbart, gehört zu den ersten Seelen, die vom All-Ganzen über die Menschheit ausgeschüttet wurden. Wir haben also Kenntnisse der Menschheitsgeschichte, die sehr, sehr weit zurückliegen. Und so können wir Gesetzmäßigkeiten, die sich immer wieder in der langen Geschichte des Menschen, des Homo sapiens, gezeigt haben, deuten und euch bei der Bewältigung von Krisen helfen, wie sie bislang immer wieder in der Geschichte der Menschheit entstanden sind und auch weiterhin entstehen werden. Als wir ausgeschüttet wurden, als sehr junge Seelen, waren die Kulturen der Menschheit noch nicht so weit entwickelt, wie ihr sie heute kennt. Jedoch ist es so, dass die Menschheit damals schon ein Bewusstsein, eine Bewusstheit ihres Seins, hatte.*

Wenn ihr dies nun mit etwa der christlichen Schöpfungsgeschichte vergleicht, so könnt ihr sehen, dass die Beseelung der Menschheit damals nichts anderes war als das Einhauchen Gottes in die Biologie des Säugetiers

‚Mensch'. Von diesem Zeitpunkt an begann die Menschheit einen Entwicklungsweg zu nehmen, der sich auf einer höheren Bewusstseinsebene vollzog. Das ist es, was wir zunächst zum Beginn der Beseelung der Menschheit sagen können.

Wir, die Seelen unserer kausalen Quelle, inkarnierten uns auf verschiedene Kontinente in verschiedene damals vorherrschende Kulturen, denn es war der Wille des All-Ganzen, möglichst viele Erfahrungen eines möglichst breiten Spektrums zu sammeln unter den damals vorherrschenden Verhältnissen der Menschheit. Es ging in erster Linie darum, zu erkunden und zu erfahren, welche äußeren Bedingungen das menschliche Leben braucht, welche Fertigkeiten der Mensch braucht, um zu überleben, und wie er mit den natürlichen Bedingungen des Planeten, den ihr 'Erde' nennt, zurechtkommt.

Unsere Seelen inkarnierten sich also in primitive Kulturen - wie ihr es heute vielleicht nennen würdet. Und wir haben als Seelen eigentlich nichts anderes gemacht, als die Grundbedingungen und Grundfunktionen des Menschseins zu erkunden. Als wir uns dann als reife Seelen inkarnierten, waren wir ungefähr in dem Zeitalter angelangt, das ihr kurz vor Christi Geburt ansetzt. Einige unserer Seelen inkarnierten sich in den Kulturraum des Alten Ägypten und konnten so eine sehr hoch entwickelte Kultur erkunden.

Die Seelen unserer Seelenfamilie haben sich zwischen ihren Inkarnationen immer wieder sehr lange Zeit gelassen, um sich in den jenseitigen Welten auszuruhen, und sie haben ihre Inkarnationen insgesamt sehr sorgfältig und langfristig geplant. Denn das All-Ganze hat unsere Seelenfamilie mit der Aufgabe betraut, das Wesen des Menschseins zu erkunden. Aus diesem Grund haben wir unsere Inkarnationen so angelegt, dass wir nahezu jede Reifestufe in einer anderen Art von Kultur erfahren konnten. Deshalb hat unsere Seelenfamilie ein sehr reichhaltiges Wissen über das Menschsein und die Menschheit zusammengetragen und ist nun als kausale Quelle befähigt, euch bei eurer Weiterentwicklung des menschlichen Bewusstseins beizustehen und euch zu helfen, die derzeitigen Umwälzungen auf dem Planeten Erde zu verstehen. Wir müssen dazu etwas weiter ausholen:

Das kosmische Ganze ist etwas, das ihr mithilfe eurer Wissenschaften erkundet. Es zeigt sich euch in immer wieder neuen Formen, die ihr mit eurem menschlichen Verstand zu erklären versucht. Jedoch ist es so, dass das menschliche Bewusstsein[23] - und das können wir mit Fug und Recht sagen, da wir uns selbst in Menschen über die Jahrhunderte und Jahrtausende inkarnierten - in seiner Aufnahmefähigkeit begrenzt ist. Es erfasst immer nur das und so viel, wie das menschliche Gehirn verarbeiten kann. Das kosmische Ganze wird jedoch in den kommenden Jahren, Jahrzehnten und Jahrhunderten für euch in einer größeren Fülle erfahrbar werden. Wir sind gekommen und beauftragt, euch auf diese Erweiterung des Bewusstseins vorzubereiten.

Der Sinn des Menschseins besteht seit der Beseelung durch das göttliche All-Ganze darin, das ‚Säugetier Mensch' zu entwickeln, den Menschen auf höhere zivili-

---

23 Der Begriff „Bewusstsein" wird hier im Sinne von geistiger Kapazität benutzt.

satorische Stufen zu heben, um so seine und damit die Erkenntnisfähigkeit der ganzen Menschheit immer weiter auszubilden. Dies kann jedoch nur in winzigen Schritten geschehen, denn in biologischer Hinsicht ist der Mensch derzeit noch begrenzt, das heißt, auch seine biologische Beschaffenheit muss ‚angehoben' werden. Nur so kann die Menschheit auf einen höheren zivilisatorischen Stand kommen.

Es müssen dazu grundlegende Entwicklungen stattfinden und Entdeckungen gemacht werden, an deren Beginn ihr nun steht. Dazu gehört die Entdeckung der DNA, vor allem der menschlichen DNA, deren Aufbau, Funktionen und Eigenschaften von euch bereits weitgehend erforscht sind, und die in den nächsten Jahren noch eine weitaus größere Rolle spielen wird, als ihr euch das vorzustellen vermögt. Ferner gehört dazu die Erforschung des Sonnenlichts und seiner Möglichkeiten auf der Erde. Es gehört dazu die Erforschung des Wasserstoffs und seiner Möglichkeiten auf der Erde. Es gehört die Erforschung dessen dazu, was ihr die Biologie und Physiologie der Pflanzen und aller sonstigen Lebensformen nennt - bis hin zu den niedrigsten Lebewesen auf der Erde.

Sind diese vier Phänomene erforscht, werden sich für die Menschheit neue Perspektiven ergeben, von denen ihr in der derzeitigen Wirklichkeit, in der ihr lebt, noch keinerlei Vorstellungen haben könnt. Das ist es, was wir dir zu Beginn für das Buch der Zukunft zu sagen vermögen.“[24]

---

24 Eva Maria Pfeiffer: „Wer seid ihr?" (Audiodatei aus 2019)

Während Eva Maria angesichts solcher Durchsagen nach wie vor ruhig und gelassen blieb, stieg bei mir noch der Puls. Wie bitte? Das sollten wir glauben? Und ausgerechnet wir beide sollten diese Art von Wissen und Vorhersage weitergeben? Bis jetzt hatte ich schon viele ungeheuerliche Aussagen der Quelle tapfer weggesteckt. Aber sobald das Vorhaben, ein Buch mit der Quelle zu schreiben, konkret wurde, überkamen mich Ängste und Sorgen, der Aufgabe und den Folgen nicht gewachsen zu sein.

Zugleich ließen mich die von der Quelle angebotenen Ausblicke auf eine fantastische Zukunft der Menschheit neugierig bleiben. Sie stellten sämtliche mir bekannten Science-Fiction-Filme in den Schatten, die ohnehin vorhersehbar meist in einer ohrenbetäubenden Apokalypse endeten. Darauf war noch kein Filmemacher gekommen, geschweige denn irgendjemand sonst: Der Kosmos – bzw. eine Kraft darin und dahinter - ist so schlau, den Menschen noch mehr Grips zur Verfügung zu stellen, und so weitsichtig, sie zugleich auf die vom Himmel anvisierten Einsatzgebiete aufmerksam zu machen. Das hatte ja wohl bisher gefehlt?![25]

---

25 Nun hauen wir auf den Putz! Eigentlich sind wir unfassbar erstaunt, dass wir Zeuginnen eines „Deus ex machina" -Effekts zu Beginn dieses Jahrtausends werden dürfen.

Der Klimawandel ist beherrschbar

Mit den vier offenbarten aussichtsreichsten Tätigkeitsfeldern für die menschliche Forschung waren wir schon mittendrin in einem inhaltlichen Austausch mit Eva Marias Quelle. Die Quelle hatte es offenbar eilig. Ich nahm mir vor, sie nicht so einfach davonkommen zu lassen und bei einer anderen Gelegenheit noch einmal zu sich selbst zu befragen.

Nun ging es erst einmal um die Zukunft der Menschheit. Zukunftsthemen lösten bei Eva Maria Ängste aus, die sie offen ansprach. Sicherlich stand sie damit nicht allein, und ihre Fragen und die Antworten der Quelle interessierten wahrscheinlich auch andere.

Eva Maria: „Wir haben sehr viele Fragen für unser Buch gesammelt und möchten gerne einige davon vertiefen. Heute geht es um die Umweltproblematik. Es werden in den letzten Jahren – nicht nur in Deutschland - Hitzerekorde gemessen. Es gibt Dürreperioden, sodass die Landwirtschaft mehr und mehr Probleme haben wird, die Menschen zu ernähren. Der Meeresspiegel steigt an; Küstenregionen werden im Meer versinken und mit ihnen Städte und Kulturflächen. Es ist offensichtlich, dass sich das Klima auf der Welt verändert. Das alles lässt mich daran zweifeln – aus meiner persönlichen, menschlichen Sicht -, dass sich die Menschheit noch retten kann. Könnt ihr uns dazu eure Einschätzung sagen?"

Die Quelle: „Der Umweltschutz, wie ihr es nennt, ist etwas, das wir aus der seelischen Perspektive betrachten und von einer Warte aus beurteilen, die nicht eurem Denken entspricht und eine gesamt-seelische Grundlage hat.

Wenn sich auf einem Planeten die Lebensbedingungen der inkarnierten Seelen verändern, dann bedeutet das für die seelischen Welten zunächst, diese Veränderung zu registrieren. Die seelischen Welten sammeln dann Erfahrungen aus anderen Inkarnationsebenen, die sie den Wesen, die unter veränderten Umweltbedingungen leben, zur Verfügung stellen.

Es mag für euch etwas merkwürdig klingen, aber es ist tatsächlich so, dass wir hier in den seelischen Welten Informationen aus anderen Sphären erhalten. Dort gibt es andere Formen der wesenhaften Existenz. Es sind Formen einer höheren Intelligenz, deren Erfahrungen euch zur Verfügung gestellt werden können, sofern ihr die Bereitschaft habt, auf die Impulse der seelischen Welten zu hören.

Wenn sich nun also aus eurer Sicht die Erde so dramatisch verändert, dass ihr meint, die Menschen können künftig nicht mehr auf ihr leben, so antworten wir aus den seelischen Welten heraus: Es gibt die Möglichkeit, das menschliche Intelligenzniveau insoweit anzuheben - und wir haben hier zum ersten Mal das Wort Intelligenz und nicht Bewusstsein verwendet –, dass ihr neue Wege findet, um die Erde weiterhin für Menschen bewohnbar zu halten.[26]

---

26 Ein Beispiel dafür könnten u.a. hochbegabte Kinder sein, ohne bei ihnen die ganze Last der Verantwortung abladen zu wollen. (Fortsetzung nächste Seite)

Wenn ihr nun also von einer Panik ergriffen seid, dass die Erde euch nicht mehr mag, dass sie euch abschüttelt, dass ihr keinen Wendepunkt im Verlauf der klimatischen Veränderung erreichen könnt, dann rufen wir euch aus seelischer Perspektive gerne zu: Verzweifelt nicht, sondern macht euch auf, das neue Bewusstsein, das gerade in eure Seelen und in eure Körper Eingang findet, zu entdecken![27]

Dieses neue Bewusstsein impliziert zudem, dass Menschen geboren werden, deren seelische Aufgabe es ist, die drängenden Probleme der Menschheit zu lösen, und die ihre ganze seelische Energie und ganze Kraft diesen Lösungen widmen werden. Weiter werden vermehrt hilfreiche Eingebungen in den Köpfen eurer Wissenschaftler und Wissenschaftlerinnen sowie anderer Menschen dazu beitragen, Problemlösungen zu finden."

Eva Maria: „Ich möchte dazu gerne eine Anschlussfrage stellen: Es gibt eine junge Schwedin, Greta Thunberg, die es als Schülerin geschafft hat, die Aufmerksamkeit der Welt auf die globale Klimaproblematik zu lenken; und viele junge Leute folgen ihr. Ist dieses Mädchen auch von den seelischen Welten inspiriert?"

Vgl. https:// www.stern.de/familie/kinder/hoher-iq-kashequest--3-ist-juengstes-mitglied-bei-hochbegabten-verein-30621326.html (aufgerufen am 31.07.2021) oder https:// www.az-online.de/isenhagener-land/brome/friederich-wendt-aus-ehra-ist-mit-acht-jahren-schon-ein-genie-90886620.html (aufgerufen am 31.07.2021)

---

27 Dies gilt - über den genannten hochbegabten Nachwuchs hinaus - für alle, die sich angesprochen fühlen!

Die Quelle: „Die Seele dieses Mädchens Greta Thunberg, welches mit großer Kraft für eine gute Klimapolitik kämpft, stammt aus einer Seelenfamilie, deren Aufgabe es ist, gesellschaftliche Wendepunkte herbeizuführen. Greta Thunberg hat schon früh den Impuls ihrer Seelenfamilie verspürt und im Bereich Umwelt- und Klimaschutz eine sinnvolle Aufgabe gefunden, um gesellschaftliche Änderungen anstoßen zu können.

Darüber hinaus wohnt in ihr eine Seele, die wir als reifere Seele bezeichnen würden. Sie hat aus ihren vorherigen Leben sehr vielfältige Schlussfolgerungen und gute Konsequenzen gezogen und sich für diese Inkarnation vorgenommen, gesellschaftliche Prozesse anzustoßen - komme, was wolle!

Das ist ihr nun auf eine Weise gelungen, die man bisher nicht für möglich gehalten hat - auch wenn eure derzeitigen Politiker vielleicht noch denken, dass es nur der vorübergehende Spleen eines jungen Mädchens sei. Wir möchten euch sagen, dass durch ihr Engagement das Thema in der Welt und damit in einem erhöhten Bewusstsein angelangt ist. Ihr könnt euch dies so vorstellen: Es breitet sich in gedanklichen, energetischen Wellen aus und kann nun unter Umständen durch die ganze Welt ‚reisen'."

Eva Maria: „Dann habe ich dazu noch eine weitere Frage. Gibt es aus eurer Sicht erfolgversprechende Ansätze, unser Plastik zu ersetzen, das derzeit die Meere zumüllt und die Böden vergiftet und im nächsten Schritt wahrscheinlich Mensch und Tier vergiften wird?"

Die Quelle: „Alles, was ihr im weitesten Sinne unter dem Stichwort 'Biotechnologie' zurzeit in Angriff nehmt und erforscht, wird dazu dienen, dieses Problem in der Zukunft zu lösen. Ihr werdet Rohstoffe finden, die mit biotechnologischen Verfahren weiterentwickelt werden und die Umwelt nicht mehr in derselben Form belasten, wie es derzeit bei Kunststoffen der Fall ist. In der Tat ist die bisherige Verwendung von Kunststoffen für die Umwelt nicht von Vorteil, und jetzt gilt es, diese zu stoppen und nach neuen Materialien zu suchen.

Was wir euch darüber hinaus noch zu diesem Thema mit auf den Weg geben wollen, ist: Bei der Lösung eurer Umweltprobleme wird Wasserstoff eine große Rolle spielen. Seine Erforschung liegt derzeit bei euch noch in den Anfängen. Wasserstoff wird in der Zukunft einen großen Teil eurer Probleme – und zwar nicht nur hinsichtlich der Motorisierung und Mobilität – lösen können. Wenn wir eure Wissenschaftlerinnen und Wissenschaftler um etwas bitten dürften, dann wäre es dies: Widmet euch dem Wasserstoff, erforscht ihn und sucht nach Möglichkeiten, die bisher noch jenseits des für euch Vorstellbaren liegen!

Aus seelischer Sicht lebt ihr in einer Zeit des Übergangs, die aus eurer Sicht durchaus sehr schmerzlich sein kann. Und es ist nur zu verständlich, dass ihr als einzelne Menschen und als Menschheit versucht seid zu glauben, dass es daraus kein Entrinnen mehr gibt und dass die Erde euch vielleicht früher oder später abwirft. Jedoch möchten wir euch gerne versichern, dass es durchaus Möglichkeiten gibt für eure Spezies, weiter auf der Erde zu existieren. Und die Existenzgrundlage der Menschheit muss nicht gezwungenermaßen durch die

Verringerung der Bevölkerungszahl gesichert werden, wie es euch vielleicht erscheint."

Eva Maria: „Soll das bedeuten, dass aus eurer Sicht die Überbevölkerung kein Problem ist?"

Die Quelle: „Dem, was ihr ‚Überbevölkerung' nennt, liegt eine Betrachtungsweise zugrunde, die sich an euren heutigen Lebensumständen orientiert. Diese menschliche Betrachtungsweise lautet: Es werden immer mehr und mehr Menschen auf dem Planeten. Und so kommt ihr zu dem Schluss, dass es irgendwann einmal zu viele sein müssen.

Hier möchten wir euch aber auffordern, diese Logik zu überprüfen und darüber nachzudenken, ob sie schlüssig ist, oder ob es auch noch andere Interpretationen geben könnte. Der menschliche Geist neigt dazu, in einem Ursache-Wirkungs-Zusammenhang zu denken. Er neigt dazu, in Vergleichen zu denken und – um eine Aussage zu treffen – Richtwerte hinzuzuziehen. Dies geschieht jetzt auch bei dem vermeintlichen Problem der Überbevölkerung."

Eva Maria: „Dennoch komme ich nicht umhin, davon auszugehen, dass wir wirklich zu viele sind."

Die Quelle: „Das ist eine subjektive Befindlichkeit, die du hier ausdrückst und die hauptsächlich bei einer reiferen Seele oder einer älteren Seele, wie sie dir innewohnt, vorkommt. Denn, wie ihr auch aus der Seelen-Lehre von Varda Hasselmann wisst, brauchen ältere Seelen das Bad in der Menge nicht mehr, weil sie die Erfahrung des menschlichen Miteinanders, des Geborgenseins in einer Menschenmenge, bereits in vielen Leben gemacht haben. Aus diesem Grund ist dies jetzt ein subjektiver Eindruck einer inkarnierten älteren Seele. Befragtet ihr jedoch einmal Menschen mit jüngeren Seelen, so würdet ihr bestimmt Antworten erhalten, die diesen Eindruck nicht bestätigen. Sie würden ihre Lage - selbst in sogenannten prekären Situationen, wenn sie etwa in Flüchtlingslagern auf kleinstem Raum überleben müssen, - so nicht deuten.

Was wir damit abschließend sagen möchten, ist, dass ihr euch aus eurer subjektiven Sicht mehr und mehr lösen dürft, um zu neuen Erkenntnissen zu kommen, die helfen werden, die Zukunft auf eurer Erde zu gestalten."

Eva Maria: „Ich habe noch eine Meta-Frage, die wir uns gestellt haben. Könnt ihr auf unsere Gedanken und unsere Gespräche bereits zugreifen, wenn wir uns bestimmte Themen überlegen oder dazu recherchieren, sodass ihr praktisch schon präpariert seid, wenn ich euch anrufe?"

Die Quelle: „Dazu können wir sagen: ja und nein. Gedanken sind elektrische Impulse in eurem Gehirn. Und auf diese können wir, wenn wir es wollen, zugreifen, was wir in deinem und in eurem Falle auch tun, sofern dies unsere Aufgabe anbelangt und für euch und unser gemeinsames Buchprojekt von großer Wichtigkeit erscheint. Es ist also nicht so, dass wir ständig über dich wachen und deine Gehirnimpulse kontrollieren. Es ist vielmehr so, dass wir sie zu erfassen suchen, wann immer es darum geht, weitere Fragen zu klären. Und so ist es durchaus sinnvoll - darauf zielt wahrscheinlich deine Frage ab -, wenn ihr euch beide vorher kundig gemacht habt über einen Fragenkomplex, beziehungsweise wenn ihr euch die Fragen genau überlegt und du dich vor einer Kontaktaufnahme zu uns darauf konzentrierst. Es ermöglicht uns dann ein schnelleres und präziseres Antworten, als wenn die Fragen ganz neu, etwa von einer außenstehenden Person, gestellt werden. Wir danken dir für diese heutigen Gedankenimpulse und Fragen."

Eva Maria: „Ich danke euch auch!"[28]

Manchmal, wenn Eva Marias Sorgen überhandnahmen und auch, wenn sie die Antworten der Quelle nicht überzeugten, reagierte sie im Austausch mit ihr etwas unwillig und bestand auf ihrer Meinung. Ich kannte das schon von ihr und wartete innerlich händereibend die Antwort der Quelle ab. Häufig holte diese dann liebenswürdig zum Gegenschlag aus. Hier war es der dezente Hinweis auf Eva Marias fortgeschrittenes Seelenalter. Meinte sie: Altersstarrsinn? Ich bekam bei passender Gelegenheit aber auch mein Fett weg; es waren besonders diese kleinen Scharmützel, die die Quelle so liebenswert machten.

---

28 Eva Maria Pfeiffer: „Klimawandel, Überbevölkerung" (Audiodatei aus 2019)

Lösungen für Umwelt-, Energie- und Ernährungsprobleme

Eva Maria schaffte es meist nur einmal in der Woche, eine Durchsage zu empfangen. Mehr ließ ihre berufliche Tätigkeit nicht zu. Wir wussten dabei nicht, inwiefern die Quelle irdische Zeiteinheiten überhaupt einschätzen konnte. Manchmal sprach sie von Vorgängen in der „nahen oder fernen Zukunft", was bei uns rebellische Gedanken auslöste, wie: Was denn nun - nahe **oder** ferne Zukunft? Tage? Wochen? Monate? Jahre? Jahrhunderte? Aber die Quelle registrierte mehr, als uns klar war, wie sich unter anderem aus der folgenden Begrüßung ablesen ließ:

Die Quelle: „Wir grüßen dich erneut an diesem Tag. Wie wir vernommen haben, möchtest du uns weitere Fragen für euer Buchprojekt stellen."

Eva Maria: „Ich möchte euch noch einmal zum Wasserstoff befragen. Könnt ihr uns noch mehr erläutern, welche Potenziale in diesem chemischen Element für uns als Menschheit liegen?"

Die Quelle: „Dieses kosmische Element, das ihr ‚Wasserstoff' nennt und das aus nur zwei Komponenten besteht[29], birgt in der Tat viele Möglichkeiten, die ihr in der Zukunft für eure Energieversorgung nutzen könnt. Dieses Element ist ausreichend vorhanden auf dem Planeten Erde, auf dem ihr eure Inkarnationen derzeit

---
[29] Proton und Elektron

verbringt. Dieses Element eignet sich für das Erzeugen von Energie, die ihr für eure elektrischen Geräte nutzen könnt und für alles, was einen Motorantrieb braucht.

Darüber hinaus wird Wasserstoff euch noch dazu dienen, Körperzellen so zu beeinflussen, dass sie beispielsweise wieder besser atmen oder einen anderen dysfunktionalen Zustand überwinden können. Diese Möglichkeit, die für die Zellen eures menschlichen Körpers besteht, ist zurzeit noch nicht umfänglich erforscht."

Eva Maria: „Wie kann ich Menschen kennenlernen, die bereits in diese Richtung forschen?"

Die Quelle: „Hierzu möchten wir euch an diesem Punkt Folgendes sagen: Sobald euer Buch veröffentlicht sein wird und unsere Thesen in der Welt bekannt sein werden, werden sich Menschen bei euch melden, die ähnliche Gedanken hegen und diese nur noch nicht gewagt haben, in einem wissenschaftlichen Kontext öffentlich zu äußern. Deshalb ist es auch nicht notwendig, im Vorfeld nach Wissenschaftlern zu suchen, die an der Erforschung der Anwendungsgebiete von Wasserstoff arbeiten. Hier möchten wir euch bitten, euch dem Fluss des Lebens anzuvertrauen, den wir mit starker Energie aus den seelischen Welten heraus zu gestalten versuchen. Es ist in etwa so, dass euch momentan sehr viele Wege offenstehen und wir versuchen, sie aus den seelischen Welten heraus für euch zu ebnen. Das ist es, was wir zu diesem Punkt sagen können."

Eva Maria: „Vielen Dank! Dann habe ich noch ein anderes großes Thema, zu dem ich euch befragen möchte: Künstliche Intelligenz. Sie beherrscht schon weite Bereiche des Lebens, beispielsweise werden uns per KI – insbesondere per Algorithmen – im Internet Produkte oder Dienstleistungen vorgeschlagen. KI wird uns auch bald auf immer mehr beruflichen Gebieten die Arbeit abnehmen, z. B. auch dort, wo ich selbst tätig bin, im Journalismus. Es gibt schon Computerprogramme, die texten. Wie seht ihr die Künstliche Intelligenz aus den seelischen Welten heraus?"

Die Quelle: „Künstliche Intelligenz ist eine Intelligenz, die - und das unterscheidet sie in hohem Maße von menschlicher Intelligenz und menschlichem Bewusstsein - nicht aus den seelischen Welten gespeist wird. Das ist der große Unterschied, den wir aus unserem Blickwinkel der seelischen Welten heraus erkennen können.

Jenseitige Intelligenz, wie wir sie verkörpern, ist momentan nur dazu befähigt, das menschliche Gehirn zu beeinflussen, so, wie es bei dir als Medium möglich ist, aber auch das Unterbewusstsein und Träume. Die jenseitige Intelligenz hat euch Menschen dazu befähigt, Künstliche Intelligenz zu erschaffen, denn sie wird und soll in euren Gesellschaften künftig eine Rolle spielen, die derzeit noch nicht in allen Facetten sichtbar ist. Sie wird euch bei der Bewältigung eurer wirtschaftlichen Probleme und eurer Umweltprobleme helfen können, sodass sich auch der Klimawandel beeinflussen lässt.

Nehmen wir einmal das Beispiel der Wettervorhersage. Hier ist schon Künstliche Intelligenz am Werk, und zwar dergestalt, dass eure Computer auf Basis der eingespeisten Messdaten Prognosen erstellen können, die mit hoher Wahrscheinlichkeit auch eintreffen. Was sie derzeit jedoch noch nicht kann, ist, das Klima zu beeinflussen. Dies wird aber in der Zukunft möglich sein. Ihr werdet also über KI die klimatischen Bedingungen auf der Erde so steuern, dass sie euren Lebensbedürfnissen dienen. Unterschiedliche Formen der Künstlichen Intelligenz werden euch zudem dazu befähigen, Schäden zu beheben, die durch den Klimawandel an eurer Umwelt entstehen, und zwar in einer Form, wie ihr es heute noch nicht für denkbar haltet.

Was die Künstliche Intelligenz künftig weiterhin vermag, ist, über Prüf- und Messsysteme jede Art von Produktion in Fabriken und jede Art von hergestellten Produkten im Hinblick auf Auswirkungen auf die Umwelt zu kontrollieren. Künstliche Intelligenz wird euch auch dabei helfen, Nahrungsmittel weniger umweltschädlich zu erzeugen.

Es ist nicht von ungefähr, dass die sogenannte Künstliche Intelligenz eure Gesellschaftssysteme und eure Produktionsstätten bereits beeinflusst und weiterhin beeinflussen wird. Sie trägt auch dazu bei, das gesamte Bewusstsein der Menschheit zu erhöhen und auf eine neue Ebene zu erheben."

Eva Maria: „Damit ist eigentlich auch schon eine weitere Frage, die ich euch stellen wollte, beantwortet, und zwar, was wir tun können, damit unsere Unternehmen weniger umweltschädlich wirtschaften."

Die Quelle: „In dieser Hinsicht muss und kann noch viel getan werden. Es gibt auch Wege, die euch derzeit noch nicht bewusst sind, die noch nicht in das gesamtgesellschaftliche Bewusstsein Eingang gefunden haben. Und so ist es wichtig, dass wir euch hierbei helfen können, die Möglichkeiten eines sensibleren Umgangs mit eurer Umwelt zu erörtern.

Was wir schon heute sagen können und möchten, ist, dass sich der Umgang mit der Ressource Wasser und mit der Landwirtschaft in erheblichem Maße ändern muss und ändern wird, damit das Gebilde ‚Erde' in seiner Komplexität weiter erhalten bleiben kann."

Eva Maria: „Welche Rolle spielt dabei die sogenannte biologische Landwirtschaft?"

Die Quelle: „Wir achten und begrüßen diese Form des biologischen Landwirtschaftens, wie ihr es nennt. Jedoch wird dies nicht die einzige Form sein, in der ihr künftig Landwirtschaft betreiben werdet. Auch hier liegt ein sehr großes Potenzial im Wasserstoff. Er wird es euch ermöglichen, Nahrungsmittel auf ganz neue und ganz andere Art zu erzeugen. Wasserstoff kann das Wachstum von Zellen beeinflussen. Es kann menschliche, tierische und pflanzliche Zellen gesund erhalten und erneuern. Letzteres wird bereits auf einigen Versuchsfeldern erprobt. Und so werdet ihr euch noch wundern, zu welchen Möglichkeiten das Menschsein sich aufschwingen wird."

Eva Maria: „Welche Rolle spielt dabei die sogenannte Genmanipulation, und welche Rolle spielen genveränderte Pflanzen?"

Die Quelle: „Dies ist ein interessanter wissenschaftlicher Ansatz. Er hat schon gezeigt, was er vermag be-

ziehungsweise was passiert, wenn in das Erbgut von Pflanzen eingegriffen wird. Nun ist es an der Zeit, diese Eingriffe zu überdenken und auch ethisch zu bewerten hinsichtlich ihrer Auswirkungen auf das Ökosystem Natur.

Wir möchten euch hier an dieser Stelle keine Bewertungen dazu geben, wie du es vielleicht erwartet hättest. Denn der genetische Zugriff ist eine Spielart der kreativen Seelenenergie, die der gesamten Menschheit innewohnt und entspricht. Und es gilt nun, diese kreative Energie gewissermaßen in die richtigen Bahnen zu lenken."

Eva Maria: „Chemie-Konzerne züchten genetisch veränderte Pflanzen, sodass deren Saatgut immer wieder neu gekauft werden muss und Spezialdünger dazu. Dies treibt Bauern in die wirtschaftliche Abhängigkeit von diesen Konzernen bis hin zum wirtschaftlichen Ruin. Das kann ja wohl nicht der Weg in eine bessere Zukunft sein?!"

Die Quelle: „Dies ist ein Weg, den die Menschheit bisher gegangen ist. Wenn ihr den Weg der Erkenntnis als Baum betrachtet - nehmt ihn als Baum mit vielen Zweigen -, so ist dies ein Zweig, der nicht in die gewünschte Richtung wuchs. Und er sollte aus unserer Perspektive eher abgesägt als wachsen gelassen werden. Jedoch ändert dies nichts an der Tatsache, dass die Erkenntnisse, die ihr aus der Erforschung der Gene der Pflanzen und der Menschen gewonnen habt und die dazu geführt haben, genetisch einzugreifen, gleichwohl auch die Möglichkeit für euch bergen, Zweige des Baumes an anderer Stelle zum Wachsen zu bringen.

Was wir damit sagen möchten, ist, dass moderne Technologien jeglicher Art, wie sie die Menschheit erfindet und immer weiter entwickeln wird aufgrund ihrer kreativen seelischen Energie, durchaus vorangetrieben werden sollen, dass sie jedoch immer wieder einer Überprüfung bedürfen, um sie in die richtigen Bahnen zu leiten."

Eva Maria: „Dazu habe ich keine Frage mehr. Gibt es aus eurer Sicht noch eine Frage, die jetzt an dieser Stelle zu beantworten wäre, die wichtig wäre für den Fortschritt des Buches?"

Die Quelle: „Aus unserer Sicht gibt es am heutigen Tag nichts hinzuzufügen, und wir bitten euch, in der gewohnten Form den Dialog mit uns fortzusetzen. Und wir danken euch für die große Bereitschaft, die euren Herzen entspringt, unseren Anregungen aus den seelischen Welten zu hören und zu folgen. Wir profitieren auf eine ganz besondere Weise von diesem Dialog. Wir, in den seelischen Welten, vermögen durch den Austausch mit inkarnierten Seelen das Bewusstsein der Menschheit zu erhöhen, indem wir es mit Energien anreichern, wie es sonst nur im Dialog mit exkarnierten Seelen geschieht. Aus diesem Grund ist es so wertvoll für uns, wenn sich Menschen bereits zu ihren Lebzeiten auf der Erde bereit erklären, unsere Botschaften zu hören. Wir danken euch erneut für diese Bereitschaft."

Eva Maria: „Wir danken euch auch!"[30]

---

30 Eva Maria Pfeiffer: „Wasserstoff und KI" (Audiodatei aus 2019)

Mithilfe von Geoengineering und Biotechnologie die Zukunft meistern

In dieser Phase des Austauschs mit der Quelle für das gemeinsame Buch entdeckten wir auf Focus online einen interessanten Artikel über Climate- oder Geo-engineering mit den abschließenden Sätzen: „Ein Forscher wie Olaf Corry, der sich mit internationaler Politik im Klimawandel, Umwelt-Management und Risiko-Kalkulation beschäftigt, betont, wie viele Aspekte bei Geo-Engineering zu bedenken sind: Interessenvertreter wie Gesellschaft, Politik, Wirtschaftszweige und beteiligte Firmenvertreter müssten sich auf bestimmte Maßnahmen einigen. Darauf, wer die Kosten trägt. Welche Zieltemperatur global erreicht werden soll. Corry stellt sich weiter die Frage nach den Risiken. Wer würde die Verantwortung für Konsequenzen tragen, wenn eine Technik nicht hält, was sie verspricht? Wenn sie gar negative Folgen hat? Die Aufgabe ist gewaltig. Olaf Corry rät dazu, sich vor allem auf die technische Seite des Themas zu konzentrieren, um die Folgen einer Anwendung so genau wie möglich vorhersehen zu können.

Auch wenn Ausgestaltung, Risiken und Folgen heute noch kaum abschätzbar sind und diese Unsicherheit zu Recht auf Kritik stößt: Daran, dass Geoengineering in der einen oder anderen Form kommen wird, kann kaum Zweifel bestehen.

Wir können nur hoffen, dass die Risiken vorher so weit wie möglich minimiert werden."[31]

Solche Inhalte deckten sich mit den Aussagen der Quelle zu Zukunftstechnologien. Sie hatte uns auch aufgefordert, zur Biotechnologie zu recherchieren. Das Erste, das mir im Internet dazu begegnete, war eine Pressemitteilung der Ruhr Universität Bochum:

„Biosolarzelle produziert Wasserstoff - Ein internationales Forscherteam hat molekulare Bausteine von Pflanzen und Mikroorganismen in einer Biosolarzelle kombiniert, sodass sie Lichtenergie ohne Umwege zur Produktion von Wasserstoff nutzen konnte. In der Natur kommt diese Kombination so nicht vor: Pflanzen können zwar Lichtenergie nutzen, um Kohlendioxid in Biomasse zu verwandeln, aber keinen Wasserstoff produzieren. Manche Bakterien hingegen können Wasserstoff produzieren, aber nicht direkt mithilfe von Lichtenergie."[32]

Dergleichen musste die Quelle gemeint haben, als sie von den großen Fortschritten sprach, die sich aus der Erforschung von DNA, von Sonnenlicht, von Wasserstoff und aus der Erforschung der Biologie und Physiologie der Pflanzen und aller sonstigen Lebensformen bis hin zu den niedrigsten Lebe-

---
31 Vgl. Mona Holy in: https://www.focus.de/perspektiven/es-gibt-auch-kritik-die-ultimative-waffe-gegen-den-klimawandel-geo-engineering-in-der-kritik_id_10987898.html (aufgerufen am 14.8.2019)
32 Vgl. https://news.rub.de/presseinformationen/wissenschaft/2018-09-26-biotechnologie-biosolarzelle-produziert-wasserstoff (aufgerufen am 17.7.2021)

wesen auf der Erde ergeben. Eva Maria fragte bezüglich des Artikels nach.

Die Quelle: „Diese von den Forschern entdeckte Technologie ist in der Tat sehr vielversprechend, und sie könnte zu einer der großen Technologien werden, wenn es gelingt, dieses Verfahren in eine breite Anwendung zu überführen. Doch dazu wird es noch einige Jahre brauchen und einiger weiterer Forschungen und Erkenntnisse bedürfen. In der neuen Kombination von molekularen Bausteinen von Pflanzen und sonstigen Lebensformen liegt sozusagen der Stein der Weisen.

Ihr werdet euch auch noch wundern, welches Potenzial in den Pflanzen, die derzeit auf eurem Planeten wachsen, vorhanden ist und wie sie euch dazu verhelfen können, eure Probleme bezüglich Nahrung, Energie und Licht zu meistern."

Eva Maria: „Wie sieht es mit nachwachsenden Rohstoffen aus?"

Die Quelle: „Auch dies ist ein weiteres Forschungsfeld, welches jedoch nicht die Breitenwirkung haben wird wie das von dir beschriebene biotechnologische Verfahren, und es wird noch viele ähnliche Verfahren geben. Eure Wissenschaftler tun gut daran, wenn sie sich insbesondere der Pflanzen der Meere, der Algen, weiter widmen. Auch hier ist es so, dass Wasserstoff eine zentrale Rolle spielen wird.

Wir können euch nur dazu ermuntern, diesen Weg weiter zu verfolgen, denn darin liegt ein großes Potenzial. Das ist es, was wir immer wieder für dieses Projekt, das ihr ‚Buch der Zukunft' nennt, betonen können und möchten. Wir möchten alle Wissenschaftler und Wissenschaftlerinnen, die dieses Buch lesen, aufrufen, uns genauere Fragen zu stellen, die sich aus ihren Forschungen ergeben. Du wirst sie dann, obwohl du keine naturwissenschaftliche Ausbildung hast, beantworten können, denn es wird uns möglich sein, durch dich die Antworten zu geben."[33]

Wenn ein Mensch neue Interessen ausbildet, filtert seine Aufmerksamkeit aus der Fülle von Umweltreizen unter- oder unbewusst genau solche, die diesen Interessen entsprechen. Schwangere und junge Mütter sehen plötzlich sehr viele Schwangere auf den Straßen und fragen sich, woher diese Welle der Fruchtbarkeit wohl kommen mag. Dabei sind es nicht mehr Schwangere als sonst, nur die Wahrnehmung hat sich verändert. Stolze Besitzer eines vermeintlich herausstechend einzigartigen Neuwagens fragen sich, ob sie tatsächlich zu diesem Wagentyp gegriffen hätten, wenn sie vorher gewusst hätten, wie viele andere Autofahrer dieselbe und daher offensichtliche Allerwelts-Entscheidung gefällt haben.

Die Beschäftigung mit den Themen der Quelle spülte uns gleichfalls immer neue dazu passende Infos zu. Im Wartezimmer beim Arzt griff ich zufällig zur GEO und las einen umwerfenden Artikel über die Botanikerin Monica Gagliano mit dem

---
33 Eva Maria Pfeiffer: „Biotechnologie und Finanzen" (Audiodatei aus 2019)

Titel „Man kann Erbsen trainieren, fast wie einen Hund."[34] Darin wurde beschrieben, dass diese Forscherin den Pawlowschen Lerneffekt auch bei Erbsenpflanzen nachweisen konnte sowie bei weiteren Pflanzen Kommunikationsvorgänge beobachtet hatte. Diese gingen langsamer und stiller vor sich als bei Tieren und Menschen und würden von der Wissenschaft vielleicht auch deshalb bisher noch weitestgehend übersehen. Dies erinnerte mich an die Hinweise der Quelle auf das Bewusstsein der Pflanzen, welches nun offenbar wissenschaftlich untersucht wurde und dessen Existenznachweis es bis in ein anerkanntes Wissenschaftsmagazin geschafft hatte.

Zudem fand ich in derselben GEO-Ausgabe auch einen Artikel über Mikroben, die man tief unter der Erde in Bergwerken gefunden hatte. Einer dieser Winzlinge käme in Goldminen vor und spaltete mithilfe der Radioaktivität von Uran aus Wassermolekülen Wasserstoff ab. Diese kleinen Lebewesen erinnerten an die Wasserstoff-produzierenden „Versuchstierchen" der Bochumer Forscher. Wieder einmal waren der Vorstellung keine Grenzen gesetzt. Zumal dieses Bakterium auch in der Lage war, sämtliche Eiweiße aus unorganischer Materie herzustellen. „Der Fund öffnete die Tür zu einer neuen Dimension des Lebens, das vom Sonnenlicht vollkommen unabhängig war. Nach einem Zitat aus Jules Vernes Roman ‚Die Reise zum Mittel-

---

34 Vgl. Jörn auf dem Kampe: „Man kann die Erbsen trainieren, fast wie einen Hund" in: GEO 09/2019, S. 112 ff.

punkt der Erde' tauften sie (d.h. die Forscher Maggie Lau und Tullis Cullen Onstott) das Bakterium auf den Namen Desulforudis audaxviator. Der Namenszusatz bedeutet ‚wagemutiger Reisender'."[35] Der Autor dieses inspirierenden Artikels war wie bei dem erstgenannten der GEO-Reporter Jörn auf dem Kampe. Er besaß offensichtlich ein glückliches Händchen für spannenden Journalismus im Hinblick auf Zukunftswissenschaften. Unsere Neugier bezüglich aktueller wissenschaftlicher Entdeckungen und Entwicklungen war nun geweckt und wurde ständig neu genährt.

---

35 Vgl. Jörn auf dem Kampe: „Am Tor zur Unterwelt" in: GEO 09/2019, S. 128

III. Teil

Geschichte heilen

Kriege bedürfen des Gedenkens – wider das Vergessen

Anfangs hofften und versuchten wir noch, der Quelle so viel Anschauliches wie möglich zu ihrer Identität zu entlocken. Vielleicht plauderten diese exkarnierten Seelen ein wenig über ihre aufregenden Erlebnisse, die sie womöglich gehabt hatten, während sie sich durch historisch interessante Zeiten inkarnierten? Wir stellten eine weitere Frage dazu, das hatte ich mir ja vorgenommen. Wenn ich gewusst hätte, was nun kam, hätte ich es aber wahrscheinlich gelassen.

Eva Maria: „Könnt ihr uns ein geschichtliches Ereignis nennen, das zu der Zeit stattfand, als Seelen aus eurer Seelenfamilie inkarniert waren?"

Die Quelle: „Dieses Ereignis ist das, was ihr den 'Dreißigjährigen Krieg' nennt. Zu dieser Zeit hatten sich die letzten Seelen aus unserer Seelenfamilie inkarniert. Und so haben wir aus dieser Zeit sehr viele Erfahrungen gesammelt und Rückschlüsse gezogen, die wir nun in das einfließen lassen möchten, was wir dir übermitteln werden.

Es war eine Zeit, die für die Menschen auf dem Kontinent Europa eine sehr beschwerliche und aus unserer Sicht nicht sehr förderliche war, denn die menschliche Moral und das zwischenmenschliche Zusammenleben haben durch die Kriegswirren, die sich über drei Jahrzehnte hinzogen, derart gelitten, dass dies noch über Jahrhunderte störende Nachwirkungen hatte und immer noch hat.

Die Gräuel, die verübt wurden, und die kriegerischen Aktivitäten haben sich tief in das menschliche Gedächtnis und damit tief in das menschliche Bewusstsein eingegraben, sodass bis in die heutige Zeit hinein Erfahrungen aus diesen Leben aufgearbeitet werden müssen. Sei es nun in der Art und Weise, wie du es erfahren hast, mittels Reinkarnationstherapie und Familien- beziehungsweise Seelenaufstellungen, oder mittels anderer Therapien.

Auch hat der Nationalsozialismus mit all den Gräueltaten, die in dieser Zeit verübt wurden, eine seelische Verbindung zum Dreißigjährigen Krieg. Und so sind die Wunden aus beiden Zeiten in den Seelen und Körpern der heute Inkarnierten immer noch nicht verheilt. Sie drohen immer wieder an die Oberfläche zu kommen, aufzubrechen und in der Psyche vieler Menschen zu Problemen zu führen. Jedoch ist es leider so, dass diese Tatsache den Psychologen und Psychologinnen in den meisten Fällen nicht bewusst ist und dass sie deshalb nur selten Rückschlüsse ziehen auf die seelischen Verwundungen, die in diesen Zeiten entstanden sind. So können sie die psychologischen Phänomene, an denen die Klienten leiden, teilweise auch nicht richtig einordnen.

Wir werden dir zu diesem Phänomen zu geeigneter Zeit noch einige Beispiele nennen, anhand derer du und deine Leserinnen und Leser erkennen könnt, wie es sein kann, dass Erlebtes und Erlittenes aus der Zeit des Dreißigjährigen Krieges und aus der Zeit des Nationalsozialismus auch heute noch in den Köpfen der Menschen vorherrschen und zu seelischen und psychischen Problemen sowie zu körperlichen Krankheiten führen. Dies ist ein sehr schwieriges und komplexes Gebiet, das sich nicht in nur wenigen Worten ausdrücken und fassen lässt. Wir möchten dir jedoch zumindest jetzt diesen kurzen Einblick geben."[36]

Eva Maria: „Könnt ihr diese Verbindung zwischen dem Dreißigjährigen Krieg und dem Nationalsozialismus in Deutschland noch etwas näher erläutern, sodass unsere Leserschaft dies besser versteht?"

Die Quelle: „Das Ereignis, das sich in euren Geschichtsbüchern und in euren Herzen unter dem Namen ,Dreißigjähriger Krieg' eingegraben hat, war eine Zäsur in der Geschichte der Menschheit, denn nie zuvor hat es einen so langen und grausamen Krieg gegeben. Er hinterließ in den Herzen und in der Psyche der Menschen Spuren der Verwüstung.

Welche Verbindungen hat dieser Krieg zu dem Ereignis, das sich in euren Geschichtsbüchern und Herzen als ,Nationalsozialismus' eingeschrieben hat? Welche Auswirkungen hat diese Verbindung in der heutigen Zeit?

---

36 Eva Maria Pfeiffer: „Geschichtliches Ereignis" (Audiodatei aus 2019)

Im Dreißigjährigen Krieg haben viele Seelen erlebt, wie es ist, unter der Hand eines anderen Menschen zu sterben, wie es ist, qualvoll zu sterben, wie es ist, unschuldig schuldig zu werden, und wie es ist, unschuldig schuldig zu töten.[37] Diese Erfahrungen und diese Kriegsrealität haben sich sowohl in die Psyche der Menschen eingegraben als auch in deren Seelen Narben hinterlassen. Seelische Narben sind ähnlich wie Narben an eurem physischen Körper, sie können wieder aufbrechen, und wenn sie nicht aufbrechen, sind sie dennoch da und können Störungen im Energiefluss verursachen.

Solche seelischen Narben können auch bei erneuten Inkarnationen der Seelen in anderen Körpern noch vorhanden sein. Viele Seelen, die sich im Dreißigjährigen Krieg inkarnierten, inkarnieren sich auch in der Zeit des Nationalsozialismus. Und so sind in dieser Zeit einerseits alte seelische Verletzungen aufgearbeitet worden und andererseits wieder neue seelische Verletzungen entstanden, die wiederum bis in die heutige Zeit hineinreichen und die auch noch künftig bei Wiedergeburten der Seelen eine Rolle spielen können.

Der Grund, warum wir euch das sagen, ist folgender: Kriege dergestalt, wie sie zurzeit auf der Erde herrschen,

---

[37] „Unschuldig schuldig" können Seelen werden, die noch zu jung und unerfahren sind, um zu verstehen, was sie tun. Die Quelle: *„Seelen, die noch wenig Erfahrung in der menschlichen Existenz haben, geraten häufig in Situationen und Konflikte, in denen sie sich an anderen Menschen schuldig machen, ohne dies für sich zu reflektieren. Dies haben wir umschrieben mit dem Begriff ‚unschuldig schuldig sein', und wir können sagen, dass in der Zeit des Dreißigjährigen Krieges sehr viele junge Seelen dies erfahren haben."* (Durchsage aus 2019)

haben nicht nur den Sinn, seelische Erfahrungen zu machen, sie haben auch den Sinn, seelische Erfahrungen auf eine Weise aufzuarbeiten, dass sie nicht erneut gemacht werden müssen.

Was wir damit sagen wollen, ist Folgendes: Je ehrlicher eine Gesellschaft versucht, die Gräuel vergangener Zeiten aufzuarbeiten und im kollektiven Gedächtnis zu bewahren, desto geringer ist die Wahrscheinlichkeit, dass solche Erfahrungen, die der menschlichen Natur im Grunde genommen schaden, noch einmal in Form einer neuen menschlichen Auseinandersetzung, eines neuen Krieges gemacht werden müssen.

Es ist von großer Bedeutung und Wichtigkeit, solche Erlebnisse - Kriegserlebnisse, Zeiten, in denen ein Volk kollektiv gelitten hat, in denen sich ein Volk kollektiv schuldig gemacht hat - nicht aus dem kollektiven Gedächtnis des Volkes zu streichen. Wenn ihr solche Erfahrungen bewahrt - in Museen, in Medien wie Film und Fernsehen, in Büchern, durch Veranstaltungen - ist dies nichts anderes als Prävention, wie ihr sie aus dem gesundheitlichen Bereich kennt. Es ist nichts anderes als eine Prävention für die Seelen, oder - anders ausgedrückt -, eine Art sanfte Medizin für Menschen, die in der heutigen Zeit geboren wurden und den Nationalsozialismus selbst nicht erlebt haben. Sie erhalten Kenntnis von diesen Dingen und von der Möglichkeit des Verarbeitens dieser Dinge. Das kann sie vor dem seelischen Schicksal bewahren, es selbst real erfahren zu müssen.

Kriege und Vernichtungen, wie sie in der Zeit des Nationalsozialismus bei euch in Deutschland entstanden sind und auch in den Ländern, die von Deutschland besetzt wurden, haben eine enorme kollektive Gedächtniskraft und vermögen die Last der Schuld immer wieder aufsteigen und aufbrechen zu lassen. Wenn sich also nun Krisenherde in euren Gesellschaften zeigen, wenn sich Tendenzen zeigen, die ihr in politischer Hinsicht mit dem Gedankengut aus der nationalsozialistischen Zeit in Verbindung bringt, so ist das abseits aller gesellschaftlich und soziologisch erklärbarer Phänomene auch eine Form der seelischen Kollektivschuld, die auf diese Weise noch einmal – wir möchten es einmal so sagen – Blasen wirft.

Wie könnt ihr nun mit dem von uns Gesagten umgehen? Es bedeutet, dass es von großer Wichtigkeit ist, Erinnerungen zu bewahren und wachzuhalten sowie all jene Menschen mit allen Kräften zu fördern, die ihren Beruf oder ihre Aufgabe darin sehen ‚nicht zu vergessen'. Das bedeutet auch, dass die Beschäftigung mit historischen Ereignissen, wie sie teilweise an euren Universitäten geschieht oder von staatlichen oder teilstaatlichen Institutionen in Form von historischer Forschung betrieben wird, ein eminenter Dienst an der Menschheit ist und den Anstieg der Bewusstheit der Menschheit unterstützt.

Das kollektive Gedächtnis eines Volkes oder einer Nation kann sich durch diese Art der Beschäftigung, sei sie intellektueller oder anderer Natur, immer wieder Erleichterung verschaffen, ja, wir möchten sogar einmal anfügen: ‚sich heilen'."[38]

---

[38] Eva Maria Pfeiffer: „Nachfrage zu 30jK+NS" (Audiodatei aus 2019)

Welch ein schwieriges und belastendes Thema hatte die Quelle nun angeschnitten! Ihre Hinweise erhielten erschreckende Relevanz angesichts der unsäglichen Tatsache, dass in Teilen der Bevölkerung in Deutschland wieder Juden- und Fremdenhass aufflammte. Ein Phänomen, das möglicherweise von Menschen ausging, deren Seelen noch von Gewalterlebnissen aus früheren Inkarnationen belastet waren.

Kriege bedürfen der seelischen Verarbeitung über Generationen

Für einige Wochen wurde Eva Maria und mir vorhergesagt, dass wir wenig Zeit für das Buch finden würden, weil uns andere Dinge in Beschlag nehmen sollten. Und so kam es dann auch. Eva Maria war an ihrem Arbeitsplatz sehr gefordert und musste sich einem familiären Problem widmen. Ich hatte viele Seminartermine.

Hinzu kam, dass ich verstimmt wurde über die Quelle, die ich bislang so sehr verehrt hatte. Nun hatte ich eine leicht lesbare Lektüre über das wohltuende Zusammenwirken von seelischen Welten und Menschheit mitverfassen wollen, und bei den ersten harmlosen Fragen nach der Identität der Quelle landeten wir unmittelbar beim Dreißigjährigen Krieg und seinen Gräueltaten. Mein vormaliges

Interesse für dieses historische Ereignis erhielt einen massiven Dämpfer, denn mir wurde klarer, welches Ausmaß das Elend wirklich gehabt hatte. Das Leid schien mir unvorstellbar und irgendwie zu groß für unser Buch, wie ich deprimiert meinte. Ich schien die Kontrolle über den Entstehungsprozess unseres Skripts verloren zu haben, und mein bisheriges Konzept konnte ich in kleine Schnipsel reißen. Wohin sollte das noch führen?

Und als hätte dies nicht schon gereicht, stellte die Quelle auch noch einen Zusammenhang zum Nationalsozialismus her. In dieser aktuell politisch aufgeheizten Zeit sah ich die Gefahr, dass wir uns mit den Aussagen der Quelle auf vermintes Gelände begaben. Ich entwickelte das, was man in der Psychologie „inneren Widerstand" nennt. Erst einige Zeit später sollte mir klar werden, dass mein Unwille, mich mit entsetzlichen Dingen aus der historischen Vergangenheit zu beschäftigen, auch meiner eigenen Genesung im Wege stand. Doch zunächst bat ich Eva Maria – etwas vorwurfsvoll – nachzufragen, warum die Quelle in unserem „Buch der Zukunft" so nachdrücklich an alte Kriegsgeschehen erinnerte. Die Antwort lautete:

Die Quelle: „Das ist eine gute Frage, über die wir noch nicht sehr lange nachgedacht haben. In der Tat mag es für euch sehr ungewöhnlich erscheinen, dass wir euch mit dieser Problematik konfrontiert haben. Jedoch ist es so, dass sich die seelische Interdependenz – wie wir die Auswirkungen von Erfahrungen in einer Inkarnation auf die seelische Entwicklung nennen wollen - gerade an den Gräueln und Grausamkeiten, die ein Krieg hervorbringt, am besten aufzeigen und erörtern lässt. Natürlich gibt es noch viele weitere Möglichkeiten und Beispiele für Formen von Interdependenz. Jedoch ist es uns ein Anliegen, euch die seelische Notwendigkeit aufzuzeigen, die darin liegt, die Schrecken der Vergangenheit zu verarbeiten.

Andersherum gesagt: Wie jeder Krieg, wirken auch die Kriege, die heute geführt werden, und die Verbrechen, die heute begangen werden, in die Zukunft der Menschheit hinein, weil sich generell alles Leid auf eure Seelen auswirkt und darüber hinaus unter bestimmten Umständen sogar euer Erbgut verändert, sodass es in der zweiten, dritten oder auch erst vierten Generation wieder hervorbrechen kann. Auslöser dafür kann dann eine gesundheitliche Belastung oder eine psychische Krise sein. Oder auch nur ein Film oder die Begegnung mit einer Person. Auf einmal bricht ein psychisches Leiden oder eine körperliche Krankheit aus, wobei deren Ausmaß in keinem Verhältnis zum Anlass steht.

Was wir in keinem Fall damit sagen möchten, ist, dass es weiterer Kriege bedarf, um die alten Wunden zu heilen. Es geht nicht darum, die Täter-Opfer-Rollen noch einmal zu durchleben. Im Gegenteil, uns geht es darum, euch zu vermitteln, dass ihr durch ein erhöhtes Bewusstsein dazu beitragen könnt, dieses karmische Ringen zu durchbrechen.

Wir versuchen, dir ein Beispiel zu geben: Nehmen wir einmal an, im Dreißigjährigen Krieg hat eine Frau eine Vergewaltigung erlitten und ist ihres Heimes beraubt worden. Dann kann es sein, dass sich dieses dramatische

Geschehen in ihr Erbgut eingeschrieben hat, denn wir gehen davon aus, dass es in dieser Zeit noch kaum psychische Bewältigungsstrategien für derartige Ereignisse gegeben hat, wie ihr sie heute kennt. Der körperliche Schmerz, den diese Frau erlitten hat, wurde sehr wahrscheinlich im Erbgut als Information gespeichert. Er kann sich in einer späteren Generation auf sehr vielen verschiedenen Wegen zeigen, etwa durch physische Krämpfe, Frigidität oder Unfruchtbarkeit. Dies sind Zusammenhänge, die bei euch gerade erst erforscht werden und die noch nicht in aller Ausführlichkeit bekannt sind.[39]

Es kann darüber hinaus auch sein, dass die Seele dieser Frau die schmerzhaften Erfahrungen nach dem Tod in die jenseitigen Welten mitgenommen und ihre Schlüsse daraus gezogen hat, wie zum Beispiel: ‚Ich werde mich nie wieder auf einen Mann einlassen!' Dieser Glaubenssatz kann nun in einer späteren Inkarnation wieder zum Tragen kommen. Die Seele versucht dann, das menschliche Leben entsprechend dieser Überzeugung zu bewältigen. Sie wird beispielsweise alle glücklichen Verbindungen torpedieren und alle Versuche einer Partnerschaft unterbinden, denn sie möchte ja ihren Glaubenssatz bewahrheiten, ohne Partner zu bleiben.[40] *Wir hoffen, wir konnten damit unsere Position ein wenig klarer machen."*[41]

---

39 Von der Quelle an anderer Stelle „genetische Interdependenz" (oder „seelische Epigenetik") genannt im Unterschied zur „seelischen Interdependenz", die ohne Beteiligung der Gene definiert ist.
40 Ein Beispiel für „seelische Interdependenz" (ohne Beteiligung der Gene)
41 Eva Maria Pfeiffer: „Nachfrage zu seelischer und genetischer Interdependenz" (Audiodatei aus 2019)

Uns Autorinnen stellte sich immer wieder einmal die Frage, auf welche Irritationen wir uns im Zusammenspiel mit der Quelle einstellen sollten. Dazu gehörte nach unserer Einschätzung der eigentlich erfreuliche Umstand, dass Seelen auf der kausalen Ebene keine Angst und keinen Schmerz mehr fühlen. Wenn die Quelle liebenswürdig und wie selbstverständlich Dinge ansprach, die uns im ersten Moment Unbehagen bereiteten, dann haben wir das „Spock-Effekt" genannt. Die Leserschaft erinnert sich: Mr. Spock war in der Science-Fiction-Serie „Star Trek" der spitzohrige Halbvulkanier, welcher immer dann, wenn ihm eine Reaktion seiner Raumstationskollegen unlogisch erschien, eine Augenbraue hochzog und nachdenklich „Faszinierend!" murmelte – als hätten Versuchsmäuse ein unerwartetes Verhalten gezeigt! In diesem zugegeben hinkenden Vergleich sahen wir Autorinnen uns sowohl in der Rolle der Raumstationskollegen als auch in der der Mäuse. Und wir freuten uns jeweils, wenn die Quelle sich in einer nächsten Durchsage nochmals erklärte, sofern wir Unverständnis für eine vorige Information zum Ausdruck brachten. So war es auch hier. Eva Maria veranlasste dies zu einer weiteren Frage.

Eva Maria: „Uns interessiert, nach welchen Kriterien ihr uns Informationen aus den seelischen Welten geben dürft, weil ihr ja immer wieder betont, ‚soweit wir euch dies sagen können, wollen und dürfen'."

Die Quelle: „Auf diese Frage haben wir eigentlich schon länger gewartet, und wir waren auch etwas ver-

wundert, dass ihr euch häufig so schnell mit unseren Antworten zufriedengegeben habt. Deshalb möchten wir euch hier sagen: Es ist tatsächlich so, dass wir euch quasi immer nur teilweise und in Häppchen Informationen geben. Dafür gibt es einen einzigen und einfachen Grund: Wir geben sie euch insoweit, wie wir einschätzen, dass ihr derzeit damit umgehen könnt. Und das betrifft sowohl Menschen in der Einzelberatung als auch das ‚Buch der Zukunft'. Wir haben hier eine portionierte Vorgehensweise gewählt, die es euch ermöglicht, mit uns den Weg der Erkenntnis sozusagen Schritt für Schritt zu gehen.

Um es noch einmal in einem Bild zu verdeutlichen, wählen wir wieder die Elektrizität. Wir können euch nicht an eine Starkstromleitung anschließen, wenn ihr im Prinzip nur leichte Stromspannungen vertragen könnt. Starkstrom würde euch also nicht weiterhelfen."[42]

Ich wusste sofort, wovon die Quelle hier sprach. Schließlich kannte ich im Zuge meiner Arbeitssicherheits-Trainings mit Strommonteuren Lichtbogen-Simulationen[43], die anschaulich und furchterregend zeigten, was Strom und Spannung anrichten können: Explosion, Feuer, Rauch, Verbrennungen, Zerstörung und Chaos. Davon sollte niemand getroffen werden, auch nicht im übertragenen Sinn.

---

42 Eva Maria Pfeiffer: „Was dürft ihr uns sagen?" (Audiodatei aus 2019)
43 Z.B. beim Eurotest-Prüfinstitut in Dortmund, wo ein Stromschlag („Lichtbogen") demonstriert wird, der unbeabsichtigt ausgelöst werden kann, wenn leichtfertig an einem normalen Hausanschluss-Stromkasten (10 kv) hantiert wird.

Zudem stand ich seit unserem Buchvorhaben ohnehin immer ein wenig „unter Strom", so fühlte es sich zumindest an. Das Schwerbegreifliche zu begreifen und anzunehmen, kostete mich viele Verarbeitungsprozesse und viel Energie.

Leidvolle Erfahrungen besser verstehen

An dieser Stelle unseres Buchprojektes schien es für uns sinnvoll, einen Aspekt zu vertiefen, der in früheren Kontakten zur Quelle von Eva Maria schon einmal angesprochen worden war. Es ging um die Sinnhaftigkeit von Leid. Hinzu kam, dass Eva Maria gerade eine Durchsage für eine Freundin erhalten hatte, aus der erkennbar wurde, wie die Quelle bei der individuellen Leidverarbeitung unterstützen konnte.

Eva Maria: „Warum muss es leidvolle Erfahrungen überhaupt geben?"

Die Quelle: „Leid ist etwas, woran die Seele wächst. Leid ist etwas, das ihr gerne aus eurem Leben verbannen würdet und das in euren Augen nicht sinnvoll ist. Jedoch wächst die Seele gerade an sehr leidvollen Erfahrungen am meisten; durch sie erhält sie Meilensteine für ihren Entwicklungsplan und durch sie bekommt sie Bausteine für ihren Seelenweg, auf denen sie später gehen und emporschreiten kann.

Leid ist etwas, das zum Menschsein gehört. Die Seelen haben sich das Menschsein ausgesucht, um daran zu wachsen und zu reifen. So vermögen wir euch auch nur zu sagen, dass Leid etwas sein wird, das euch im Verlauf eurer Inkarnationen weiterhin begleiten wird. Es ist aber so, dass ältere Seelen Leid nicht mehr in der Weise erfahren, wie es junge Seelen tun und müssen, um daran zu wachsen.

Wir vermögen euch aber auch zu sagen, dass wir in den seelischen Welten in Bezug auf Leiderfahrung und Leidbewältigung insoweit fortgeschritten sind, dass wir nun zu euch sprechen können und euch zu helfen vermögen, diese leidvollen Erfahrungen künftig zu lindern und zu transformieren. Das ist der Grund, warum wir zu euch sprechen und weshalb wir uns entschlossen haben, zu euch zu kommen und euch zu helfen. Denn je höher euer seelisches Bewusstsein sein wird, desto weniger werdet ihr in diesem Sinne Leid erfahren und durchstehen müssen. Dies ist es, was wir euch an dieser Stelle und in diesen Moment dazu sagen können."[44]

Dazu nun das Fallbeispiel, an dem erkennbar wird, wie die Quelle Leid in der Familie betrachtet und über Eva Maria verständlich machen und damit lindern kann:

Eva Maria: „Es geht um Marie S.[45] Sie hat Fragen zu ihrer Familiengeschichte. Zunächst geht es um ihren Großvater, der Selbstmord begangen hat. Könnt ihr uns sagen, warum?"

---
44 Eva Maria Pfeiffer: „Leid" (Newsletter aus 2013)
45 Name geändert

Die Quelle: „*Der Großvater hatte ein Kriegsverbrechen begangen, ein Verbrechen, das ihn so sehr bedrückte, dass er sich entschloss, aus Scham aus dem Leben zu treten. Denn er konnte es vor sich selbst und mit seinem Gewissen nicht mehr vereinbaren, mit dieser Schuld, die er auf sich geladen zu haben meinte, weiterzuleben.*

Aus seelischer Sicht wäre es kein Grund gewesen, aus dem Leben zu scheiden. Jedoch hatte er sehr hohe moralische Ansprüche an sich und an die Art und Weise seines Handelns. Zudem hatten sich diese Gewissensbisse in einer Art Krankheit, die ihr heute am ehesten als ‚Depression' bezeichnen würdet, niedergeschlagen. Er hatte also irgendwann nicht mehr genug Energie und Mut, sich den Aufgaben des Lebens zu stellen.

Es gibt hier zwei Aspekte. Zum einen fühlte sich der Mann seiner Taten schuldig, die er im Krieg begangen hatte. Zum anderen fühlte er sich schuldig, weil er nicht fähig gewesen war, sich den Kriegsereignissen von vornherein zu entziehen. Er hatte also auf diese Art und Weise einen – so wollen wir es einmal sagen – doppelten Schuldkomplex entwickelt, der seinen Lebenswillen auf sehr vehemente Art beeinträchtigte, sodass ihm dieser zuletzt ganz abhandenkam und er keinen Ausweg mehr sah.

Hier kommt sehr viel zusammen: die Frage der Schuld und auch eine gewisse Scham, sich den Familienmitgliedern in dieser Verletztheit zu zeigen. Der Mann hatte ein anderes Bild von sich, er wollte gewissermaßen als strahlender Held in die Geschichte der Familie und in die Geschichte der Menschheit eingehen. Der Freitod macht ihn aus unserer Sicht zu dem, was wir vielleicht einmal als einen ‚gebrochenen Helden' bezeichnen würden – was im Übrigen aus seelischer Sicht keinen Unterschied macht. Das mag für euch schwer verständlich sein. Es spielt aus seelischer Sicht keine Rolle, welchen Weg dieser Mann gewählt hat. Auch der Freitod ist ein Weg, den Menschen wählen können. Es liegt also nun an euch, Geschehnisse dieser Art rückblickend neu zu verarbeiten und zu bewerten, denn Schuld und Scham sind Gefühle, die aus unserer Sicht verarbeitet und aufgelöst werden können.

Was hat das Ganze nun mit dem Sohn des Mannes, dem jetzigen Vater von Marie S., zu tun? Der Freitod des Familienvaters war sehr unvorhergesehen für die Angehörigen. Er wurde für seinen Sohn zu einem traumatisierenden Erlebnis, das zu einer tiefen seelisch-psychischen Verletzung geführt hat, von der er sich nicht mehr erholte. Zu der damaligen Zeit gab es noch nicht die therapeutischen Möglichkeiten, Traumen und Gewalterlebnisse aufzuarbeiten. Und so beschloss der Sohn, der Finanzbeamter war, über alle Vorfälle, die er in seiner Herkunftsfamilie erfahren und erlitten hatte, zu schweigen.

Auf dem Sohn lastete durch den Freitod seines Vaters eine schwere Bürde. Er hat diese Entscheidung als einen Verrat an der Familie aufgenommen und interpretiert. Und er versuchte nun, das Gefüge seiner Familie, die Beziehung zu seiner Frau und zu den beiden Kindern – eines davon ist Marie S. – auf jedem für ihn erdenklichen Weg aufrechtzuerhalten. Dies tat er auf eine sehr stille und schweigsame Art, die sowohl bei der Ehefrau als auch bei den Kindern nicht immer auf sehr viel Verständ-

nis stieß und auch nicht verstanden werden konnte. Er begrub all seine Gefühle in sich und hoffte dadurch, die Familienbande zu festigen und eine sichere Struktur zu schaffen, in der sich die Familie entwickeln konnte.

Was er dabei nicht bedachte, ist, dass es für eine stabile Familie nicht nur eines sicheren äußeren Rahmens bedarf, wie ein Haus und finanzielle Sicherheit, sondern dass es auch wichtig ist, sich innerhalb der Familie in einer Art emotionalem Austausch zu befinden. Dieser Austausch fand so gut wie kaum statt, und so schlug den Frauen in seiner Familie eine Art von Gefühlskälte entgegen, mit der sie nur schwer umgehen konnten."

Eva Maria: „Marie S. möchte wissen, ob ihre jetzigen Probleme damit zusammenhängen?"

Die Quelle: „Die jetzigen Probleme von Marie S., die sie auch in eine Art Gefühlsstarre geführt haben, die ihr heute als ‚Depression' bezeichnet, ist nichts anderes als das Wiederholen des Musters, das von ihrem Großvater sehr konkret vorgelebt wurde, von ihrem Vater übernommen und so auch unbewusst an sie als Tochter weitergegeben wurde. Kommt es nun in ihrem Leben zu Problemen, die von äußeren Umständen verursacht sind, wie ihre derzeitige berufliche Situation, so ist es für sie zunächst einmal eine ganz normale Reaktion, das Gefühlsmuster, das sich in ihrer Familie über Generationen bewusst oder unbewusst übertragen hat, selbst zu übernehmen. Deshalb flüchtete sie sich in diese kleine Depression, die jedoch dazu geführt hat, dass sie sich mit ihren Themen auseinandersetzen konnte und so nach und nach das Knäuel ihrer Verwirrung lösen konnte. Die

Seele ist hier schon sehr weit fortgeschritten. Und wir möchten Marie S. danken, dass sie den Mut gefasst hat, uns zu den Geschehnissen in ihrer Familie zu befragen. Denn es gehört durchaus eine große Portion Mut dazu, sich dieser Vergangenheit und den Aufgaben, die daraus resultieren, zu stellen.

Was sie nun tun könnte, wäre aus unserer Sicht Folgendes: Sie könnte versuchen, zunächst einmal zu ihrem bereits verstorbenen Vater Kontakt aufzunehmen, und ihn bitten, das übertragene Gefühlsmuster zu lösen. Hier möchten wir ihr gerne eine Affirmation mit auf den Weg geben, die lauten könnte:

‚Ich danke meinem Vater für die Art und Weise, wie er versucht hat, die Handlungen seines Vaters und deren Auswirkungen auf die Familie zu bewältigen. Ich bitte meinen Vater aber nun, das daran geknüpfte Gefühlsmuster aufzulösen und aus meiner Psyche zu entfernen. Ich danke meinem Vater aufrichtig für sein Wollen und Vermögen und bitte ihn nun, mich aus seiner Verpflichtung zu entlassen.'

Diese Affirmation wirkt am besten, wenn sich Marie S. an einen Ort begibt, wo sie Kontakt zu ihrem Vater aufnehmen kann. Es kann vielleicht das Grab sein oder ein anderer Ort, an den es sie hinzieht. Und dann möge sie diese Bitte laut vor sich hinsprechen. Dies wäre ein erster Schritt, um aus den Verwicklungen der Familie herauszukommen. Und wir möchten die Seele ermutigen, diesen Schritt zunächst einmal zu tun.

Was wir ihr noch in diesem Moment mit auf den Weg geben können und wollen, ist, dass sie sich nicht so viele

Gedanken zu machen braucht über vermeintlich Bewältigtes und Unbewältigtes, denn die Seele wird aus dieser Situation ihren Weg herausfinden. Und es ist nur eine Frage der Zeit, bis Marie S. wieder zu sich selbst und zu ihrer Fröhlichkeit und zu ihrer inspirierenden Energie zurückfindet.

Was wir ihr auch noch in diesem Moment übermitteln wollen, ist, dass sie ihre berufliche Situation zunächst einmal in die Warteschleife stellen sollte, um sich ihren familiären Problemen zu widmen. Sind diese behoben und die emotionalen Verstrickungen gelöst, wird es für sie auch in beruflicher Hinsicht neue Möglichkeiten der Begegnung und der Bewältigung geben. Das ist es, was wir an diesem Tag mit aller Freude und Liebe Marie S. mit auf den Weg geben möchten. Und wir danken ihr für ihren Mut und ihre Tapferkeit, sich einer so vielseitigen Problematik zu stellen."[46]

Dies ist ein Beispiel für eine persönliche leidvolle Situation, welche durch Bewusstwerdung entkräftet werden kann. Die Quelle verdeutlichte zudem, dass in den seelischen Welten weniger mit Bewertungen und Verurteilungen zu rechnen ist, als wir möglicherweise annehmen.

---

[46] Eva Maria Pfeiffer: „Fallbeispiel Maria S." (Audiodatei aus 2019)

Verflochtene Seelenwege
über Jahrtausende

Die Quelle hatte Eva Maria und mich gebeten, ab und zu aus dem Alltag auszubrechen und unsere Kommunikation durch gemeinsam verbrachte Wochenenden zu beleben. Denn sie und ich sahen uns eigentlich nie und kommunizierten nur über E-Mails mit angehängten Audiomitschnitten von Eva Marias Durchsagen, die ich transkribierte.

Ich hatte in einer Hotelanlage im Sauerland ein kleines Chalêt auf einem Hügel gebucht in der Hoffnung, Eva Maria würde sich dort wohlfühlen. Es war unser erstes gemeinsames Arbeits-Wochenende, und ich war hin- und hergerissen zwischen Vorfreude und der Sorge, dass unsere beginnende Freundschaft unter berühmt-berüchtigten „Kleinigkeiten" zu leiden haben könnte, wie bspw. unterschiedliche Ansichten über morgendliche Aufstehzeiten, gemeinsame Unternehmungen und Geld.

Doch schon unsere gemeinsame Anfahrt war geprägt von unserer Begeisterung für unser verrücktes Buchprojekt mit der Quelle. Es gab zu keiner Zeit etwas, das eine von uns an der anderen irritierend fand. Und dennoch warnte uns die Quelle gleich in ihrer ersten Durchsage.

Die Quelle: „Wir grüßen euch und freuen uns, dass ihr den Weg an diesen Ort gefunden habt, der für euch nun in der kommenden Zeit eine wohltuende und inspi-

rierende Umgebung sein wird. Dieser Ort ist zunächst einmal geeignet, um euch zusammenzufinden, eure gemeinsame Arbeit zu beginnen, zukünftige Projekte in Angriff zu nehmen und das Neue zu kreieren, was eure Seelen für euch vorgesehen haben. Wir als seelisch-geistige Quelle sind zunächst eure Begleiter in dem Sinne, dass eure Seelen näher zusammengeführt werden - (Eva Maria kommentierte leise: „Es ist so berührend!") - *und ihr in eurem Tun gefestigt werdet.*

In einem nächsten Schritt werden wir mit euch verabreden, welche Punkte ihr vertiefen und welche weiteren Themen ihr für unser Buchprojekt angehen sollt, in welchen Bereichen es einer zusätzlichen Fragestellung bedarf und welche neuen Aspekte es gibt, um die seelische Interdependenz noch ausführlicher und in einer neueren Form beleuchten zu können.[47] *Das ist es, was wir zunächst zu eurem Projekt, zu dem ihr euch zusammengefunden habt, sagen können und wollen. Gibt es dazu noch Fragen? Gibt es noch Fragen, die Marion stellen möchte?"*

Marion: „Nein, ich möchte erst einmal nur zuhören."

Die Quelle: „Dann können und wollen wir fortschreiten in dem Thema, das euch hier zusammengeführt hat. Es ist so, dass ihr in mehreren Inkarnationen zusammengelebt habt, und diese hatten nicht immer einen glücklichen Ausgang. Es gab Situationen, in denen ihr aneinander

---

47 Zur Erinnerung: „Seelische Interdependenz" bedeutet die Auswirkungen von Erfahrungen in einer Inkarnation auf die seelische Entwicklung, was neue Erfahrungs- und Entwicklungswünsche in einer nächsten Inkarnation nach sich ziehen kann.

schuldig geworden seid. Da gab es zum Beispiel ein Leben, in dem ihr als Mann und Frau gelebt und gemeinsam Kinder bekommen und großgezogen habt. In jenem Leben ist nun eines dieser Kinder zu Tode gekommen. Und dieser Tod war für euch als Eltern von einem solchen Schrecken gekennzeichnet, dass ihr ‚Schuld und unschuldig Schuldigwerden' in aller Härte erfahren musstet und konntet. Eure Seelen konnten das alles nicht gänzlich in dieser damaligen Inkarnation aufarbeiten. Und nun ist es so, dass ihr jetzt die Möglichkeit habt, euch diesem Thema noch einmal auf ganz anderer Ebene zu stellen und es aufzuarbeiten.

Das ist ein Punkt, der sich in eurer Freundschaft, die sich nun anbahnt, immer wieder bemerkbar machen kann. Und so möchten wir euch heute eigentlich nur darauf aufmerksam machen und euch bitten, sensibel dafür zu sein und sensibel damit umzugehen. Es ist für euch eine wunderbare Chance, an eurem persönlichen Beispiel aufzeigen zu können, wie die seelische Interdependenz, von der wir euch schon berichtet haben, in menschliche Leben und in Beziehungen hineinspielt und welche Möglichkeiten sie euch bietet, in eurer menschlichen Entwicklung in ganz anderer und neuer Form voranzuschreiten.

Das ist eine Geschichte, auf die wir euch als Erstes aufmerksam machen wollten. Es gibt noch weitere Themen, die ihr nach und nach auf dem Weg, den ihr nun gemeinsam geht, in eurer Zusammenarbeit und in eurer Freundschaft entdecken werdet. Und so bitten wir euch auch, immer wieder daran zu denken, wie eng ein solches Projekt mit dem eigenen Leben und dem eigenen Seelenweg verquickt sein kann und ist. Darin liegt für euch auch die Chance, die seelische Interdependenz einer breiten Öffentlichkeit nahezubringen. Denn auch wir verstehen mittlerweile, wie wichtig es ist, sich gewissermaßen nicht nur mit politisch-soziologischen oder gesellschaftlich-kulturellen Phänomenen zu befassen, sondern auch individuell-persönliche Belange zu beleuchten und einem größeren Publikum zu vermitteln.

Es mag für euch überraschend sein, dass diese erste Anrufung, die ihr gemeinsam macht, zu diesem Ergebnis geführt hat. Jedoch eignet sich dieser Ort, an den ihr durch die Führung von Marion gelangt seid, wunderbar dafür, seelische und emotionale Themen zu verarbeiten. Deshalb haben wir es vorgezogen, zunächst einmal diesen Weg einzuschlagen und auf diese Art und Weise zu beginnen.

Es ist für uns auch eine neue Möglichkeit, durch die Energie, die wir hier erfahren, auf andere Art und Weise das zu vermitteln, wofür wir gekommen sind. Wir, als kausale Quelle, können hier in einer weltlichen Umgebung unsere Botschaften vermitteln. Diese werden zwar immer wieder das berühren, was ihr allgemein als 'Spiritualität' bezeichnet, jedoch reichen unsere Botschaften weit über das hinaus, was euch religiöse Institutionen bisher zu vermitteln vermochten. Insofern ist es ein ausgezeichneter Ort, um auf einem neutralen Boden miteinander ins Gespräch zu kommen.[48]

---

48 Die Quelle war offenbar ein religiöses Umfeld gewohnt. Auch die bisherigen Klausurtagungen unserer Seelengruppe hatten immer in Klöstern stattgefunden, wie wir überrascht feststellten.

Das wäre es, was wir euch zunächst in einem ersten Gespräch übermitteln möchten, und wir würden es begrüßen, wenn ihr noch weitere Fragen dazu hättet."

Marion: „Dann möchte ich mich zunächst bei euch bedanken! Gibt es einen Weg, möglichst zügig an die wesentlichen Knackpunkte der seelischen Beziehung zwischen Eva Maria und mir zu kommen? Ich meine, um die tragischen Aspekte loszuwerden?"

Die Quelle: „Diese Frage müssen wir mit einem lachenden Auge beantworten, denn das Wort ‚zügig' gibt es in unseren seelischen Welten in dieser Bedeutung nicht. Wir sind außerhalb raum-zeitlicher Bedingungen, und so können wir diese Frage in dieser Hinsicht auch nicht - (Eva Maria kann nicht umhin zu lachen, eigentlich prustet es aus ihr heraus.) *- beantworten. Die Verflechtung eurer Seelen hat eine jahrtausendalte Vergangenheit. Sie wird ihre Zeit brauchen, um sich neu zu formieren. Was ihr aber tun könnt - und so haben wir deine Frage verstanden, Marion - ist, dass ihr euch auf den Prozess einlasst. Dass ihr euch an Orte begebt, die euch eingegeben werden, die euch sozusagen spontan anspringen, um dort energetische Impulse zu erhalten, die euch immer mehr nahelegen, wie eng eure beiden Seelen miteinander verflochten sind und zu welcher wunderbaren Blüte sie in dieser Inkarnation gebracht werden können.*

Insofern können wir dir nur sagen, dass es kein Patentrezept gibt, auch keine Methode, mit der ihr jetzt - (Eva Maria lacht wieder.) *- therapeutisch -* (Sie kichert.) *- vorgehen sollt, sondern es ist gewissermaßen* *ein Fluss der Dinge, der sich entwickeln wird, der euch begleiten wird und der zu dem gehört, was euch in eurer jetzigen Inkarnation zusammengeführt hat. Ihr werdet euch noch wundern, wohin euch das alles noch führen wird!*

Und wir möchten euch beruhigen, es ist bei Weitem nicht so, dass sämtliche Leben in einem Grauen oder in einer Schuld oder in einer sonstigen schwierigen Problematik geendet haben. Die Verwicklung und die Verschmelzung, die Begegnung eurer beider Seelen ist vielmehr sehr, sehr weit fortgeschritten. Es bedarf keinerlei karmischen Aufarbeitung im üblichen Sinne mehr, wie sie aus dem Leben von jungen Seelen oder auch reifen Seelen bekannt ist. In dieser Hinsicht möchten und dürfen wir euch beruhigen.

Jedoch möchten wir euch auf der anderen Seite auch die Augen dafür öffnen - eure inneren Augen, euer inneres Sein -, was zwischen euch sein und was aus früheren Leben stammen kann."[49]

Hatten mich da soeben ungefähr 1000+1 Seelen etwa ausgelacht? Was das Fragenstellen betraf, war ich noch ein Greenhorn, aber immerhin hatte ich zur allgemeinen Erheiterung beigetragen. Die Hinweise der Quelle zu unserer gemeinsamen seelischen Vergangenheit waren natürlich wichtig. Alte Geschichten aus früheren Leben sollten uns nicht im Wege stehen. Ich ahne, dass es wahrscheinlich

---

49 Eva Maria Pfeiffer: „Schuld in Beziehungen" (Audiodatei aus 2019)

viele konfliktreiche Beziehungen gab, deren Schwierigkeiten leichter lösbar wären, wären sich die Kontrahenten über ihre gemeinsame wechselvolle seelische Historie im Klaren. Eva Maria und ich sprachen ab, dass sich im Zweifel immer diejenige, die sich unverstanden fühlte, bei der anderen melden sollte, um zu guten gemeinsamen Lösungen zu finden. Wir hatten aber auch sehr schnell einen Trick heraus, den wir nutzten, wenn wir Meinungsverschiedenheiten hatten: Eva Maria überbrachte das Problem ihrer seelisch-geistigen Quelle. Sie wurde zu unserem Schiedsrichter und Schlichter. Ganz einfach! Dies sollte sich als der beste Coaching-Prozess herausstellen, den jede von uns beiden je erlebt hatte.

Auf den Spuren von Seele und Genetik

Während wir begonnen hatten, mithilfe der Quelle dieses Buch zu schreiben, lief unser Alltag weiter, auch mit seinen ganz normalen Schwierigkeiten. Obwohl ich ambitioniert war und die seelisch-geistigen Inhalte mich sehr interessierten und immer wieder überraschten, ließen Wunderheilungen leider auf sich warten. Nach wie vor hatte ich mit meiner Haupterkrankung zu tun, für die mir die Quelle ja einige „Denksportaufgaben" mitgegeben hatte. Das war es zumindest, was ich aus den mir anempfohlenen Meditationen machte. **Wo** nur hatte ich mir diesen Mist eingefangen? **Wieso** nur hatte ich mir diesen Mist eingefangen? Wohin sollte das noch führen? Usw. usf. So schön auch die Worte der Quelle geklungen hatten, es lag meiner Natur fern, irgendetwas regelmäßig zu tun, es lag mir sogar fern, medizinisch angeratene Atemübungen zu praktizieren, und es lag mir erst recht fern, in aller Liebe über meine Krankheitssymptome zu meditieren. Wenn ich über sie nachdachte, stellten sich immer wieder neue Assoziationen ein, und keine davon machte mich gesünder oder glücklicher.

Wohl aber unterzog ich mich nach einem erneuten Hinweis der Quelle einer kompakten und effektiven Trauma-Therapie, in der gezielt negative Gefühle aufgearbeitet wurden. In ihrer humorvollen Art kündigte sie die neue Therapeutin in meinem Leben folgendermaßen an: *„Es wird noch* *eine dritte Person die Bühne betreten, die das Schauspiel Marion contra Krankheit bereichern wird."* Gleichwohl dieser Therapie-Tipp, vermeintlich fern der Quelle, von einer ehemaligen Arbeitskollegin kam und ich den ersten Termin beinah wieder abgesagt hätte, schienen Eva Marias jenseitige Berater darauf zu setzen, dass ich dort erschien.

Mit Methoden der alternativ-medizinischen Angewandten Kinesiologie wurde nun nach noch unverarbeiteten Gefühlen in mir gesucht, um sodann die Situation in Erinnerung zu rufen, in der sie zum ersten Mal entstanden waren. Bei deren Besprechung wurde bspw. deutlich, dass ich eine Resignation aus Kindheitstagen hinter mir lassen konnte, da ich als erwachsener Mensch nicht mehr in Abhängigkeit von meiner Herkunftsfamilie lebte und über eigene Handlungsspielräume verfügte. Zum ersten Mal wurde nun auch ein starkes, wenn auch mir nicht bewusstes Gefühl aufgedeckt, das aus einem vorherigen Leben stammen musste: Überlebensangst und Panik. Eine Auslösesituation dafür hatte ich in diesem Leben glücklicherweise bisher nicht erlebt. Die Therapeutin befragte mich tiefer.

Die Bilder, die nun in mir aufstiegen, waren: Es ist Nacht. Das Haus, aus dem ich renne, brennt. Das Feuer beleuchtet ein abgestelltes hölzernes Fuhrwerk, an dem ich vorbeilaufe. Rundum in der mittelalterlich anmutenden dörflichen Szenerie ist es sonderbar still. Vielleicht will ich aber auch nur nichts hören. Ich bin im Körper einer jungen Frau.

Blackout. Danach sehe ich einen älteren Herrn mit schwarzer, flacher Kopfbedeckung auf der Schwelle eines Stadthauses stehen. Ich weiß, dass es sich um einen alleinstehenden Verwandten von mir handelt. Er heißt mich willkommen, bei ihm finde ich Aufnahme. Mehr sehe ich nicht.

War dies eine Erinnerung oder eine Fantasie? Ich hätte es nicht mit Sicherheit sagen können. Aber es war eine erste Ahnung davon, wie es sein kann, in die eigene seelische Geschichte einzutauchen. Die Therapeutin fragte weiter. Ob mir in der Situation des Hausbrandes oder auf der Flucht noch ein Leid angetan worden wäre? Ich wusste es nicht. Zumindest hatte ich die damalige, Schrecken auslösende Situation offenbar überlebt und einen Helfer in der Stadt gefunden. Das war doch sehr beruhigend. Ich wollte es erst einmal dabei belassen.

Mir kam in den Sinn, dass es sich um einen nächtlichen Überfall mit Brandschatzung gehandelt haben könnte. Meine geistige Affinität zum Dreißigjährigen Krieg könnte ihre Grundlage in diesen nun aufgedeckten Ängsten haben. Mit einer solchen Vermutung zumindest ging ich nach Hause. Erst sehr viel später sollte ich mithilfe einer weiteren Heilpraktikerin erfahren, dass ich damals in der Stadt leider vom Regen in die Traufe geraten war. Das Feuer und die nächtlichen Wirren, bei denen ich alle meine Familienmitglieder verloren hatte, hatten mich zu einem Mann getrieben, der das hilflose Ding, das ich war, in der Folge schwerstens misshandeln und missbrauchen wird. Doch welche

Lehren sollte ich aus diesen aufsteigenden seelischen Erinnerungen ziehen, die so erschreckend und so belastend waren?

Meine Gesundheit blieb noch für eine Weile Anlass zum Rätselraten. Ich bat Eva Maria um eine weitere Nachfrage bei der Quelle aufgrund eines Gendefekts, der zwischenzeitlich bei mir diagnostiziert worden war. Wir befanden uns wieder in der Country Lodge.

Die Quelle: „Wir grüßen euch und freuen uns sehr, dass ihr wieder den Weg zueinander gefunden habt, um den Dialog mit uns fortzuführen und an dem Projekt zu arbeiten, das ihr ‚Buch der Zukunft' genannt habt. Bitte stellt uns zunächst eure persönlichen Fragen!"

Marion: „Wir haben besprochen, als Nächstes auf ein Thema von mir zu kommen. Und zwar leide ich unter einem Alpha-1-Antitrypsinmangel, der dazu führt, dass mein Immunsystem überreagiert, was sich vor allem negativ auf meine Lungenfunktion auswirkt. Wir wüssten gerne, ob dies ein Beispiel für die genetische Interdependenz ist?"

Die Quelle: „Es ist in deinem Falle so, dass einer deiner Vorfahren in seinem Leben eine traumatische Situation erlebt hat. Diese Person musste sich stark wehren. Es ist ihr nicht gelungen, sich in dieser Gefahrensituation körperlich so zu verteidigen, dass sie keinen Schaden an Leib und Seele genommen hätte. Es ist damals nicht nur zu körperlichen Verletzungen gekommen, sondern die Seele hat eine Art Schock erlitten, den sie in jener Inkarnation nicht verarbeiten konnte. Und so beschloss sie, das Thema ‚Wehren' erst einmal an die körperliche Genetik abzugeben, um diese Frage vielleicht in ferner Zukunft noch einmal in einem anderen Körper lösen und abschließen zu können.

Wie wir bereits sagten: Es gibt eine seelische Interdependenz, und es gibt eine genetische Interdependenz. Bei letzterer vermögen Seelen ihren Erfahrungshaushalt so zu komprimieren, also in einer Energie so zu verfestigen, dass sie damit auf das menschliche Erbgut Einfluss nehmen und auf diese Weise ein verändertes Erbgut an kommende Generationen weitergegeben wird.

Jetzt werdet ihr fragen: Ist das denn gerecht? Oder: Wie kann es sein, dass Marion diesen Defekt hat, der bei ihr zutage tritt, obwohl sie ja nicht die Seele desjenigen Vorfahren ist, der das erlebt hat?

Dass diese Krankheit nun gerade bei Marion zum Ausbruch kam und nicht etwa bei anderen Familienmitgliedern mit einem ähnlichen Erbgut, hängt mit ihrem Seelen-Alter zusammen. In der Regel kommt die genetische Interdependenz vor allem bei reiferen und älteren Seelen vor, die – wir möchten es einmal in Anführungszeichen setzen –, dafür ‚das Verständnis haben', auch wenn es ihnen vielleicht nicht bewusst sein mag. Es ist für solche Seelen oft ein wertvoller Lernprozess, wenn sie sich entscheiden, sich dieser Krankheit zu widmen, sich ihren Auswirkungen hinzugeben und sich dem Bewusstseinsprozess, der dadurch in Gang kommt, zu stellen. Und genau dies ist bei Marion geschehen, denn sie hat sich aufgrund der Entdeckung dieser Krankheit viele Fragen gestellt und ist dadurch in ihrer seelischen Ent-

wicklung herangereift. Sie wird sich über Erfahrungen damit noch weiter entwickeln.

Was wir damit sagen wollen, ist, dass das leib-seelische Gefüge der Menschen von einer sehr hohen Komplexität ist. Wir möchten euch darauf hinweisen, um euch die Augen zu öffnen für viele Phänomene, die durch Medizinerinnen und Mediziner oder durch eure Wissenschaften zwar festgestellt, aber nicht ausreichend erklärt werden können. Das ist es, was wir zu diesem Punkt in diesem Moment sagen können. Gibt es dazu noch eine Nachfrage?"

Marion: „Welche Wissenschaftler fühlen sich von der genetischen Interdependenz möglicherweise angesprochen?"

Die Quelle: „Es sind in erster Linie jene, die das menschliche Erbgut erforschen und damit befasst sind, es zu entschlüsseln. Das ist ein sehr weites und sehr großes Feld, da die menschliche DNA sehr vielschichtig ist und bei Weitem noch nicht so erforscht ist, wie ihr vielleicht meint. Außerdem unterliegt die DNA großen Veränderungen. Es gibt bereits Menschen auf der Erde, deren DNA sich grundlegend von der herkömmlichen DNA unterscheidet."

Marion: „Ich habe noch eine persönliche Frage. Was kann ich gesundheitlich für mich tun, ganz praktisch?"

Die Quelle: „Dieser genetische Defekt kann mit einer entzündungshemmenden Ernährung gemildert werden. Die Information, die das Gen braucht, um sich wieder auszuschalten und dem Körper die falschen Signale nicht mehr zu senden, kann in der Zukunft in Form eines Medikaments gegeben werden. Doch dazu ist noch viel Grundlagenforschung nötig."[50]

Seelische Fragestellungen gehörten offenbar zum heimlichen Lehrplan eines jeden Lebens. Ich hatte schon öfter scherzhaft bemängelt, dass mir der Beipackzettel zu meinem Leben fehlte. Mithilfe der Quelle und ihrer Hinweise auf seelische Zusammenhänge war schon viel gewonnen.

Einige Wochen später traf ich mich mit einer Freundin, die ich schon länger nicht mehr gesehen hatte. Sie wirkte etwas blass um die Nase, sie war erkrankt. Und sie erzählte mir von einem weiteren alternativ-medizinischen Verfahren, das zu ihr, der gestandenen Hochschulangehörigen mit meist rationalen Ansichten, zunächst so gar nicht zu passen schien. Sieh an! Wie schön, sie wiederzusehen, wie schön, gleich so offen über alles Wichtige reden zu können, wie schön, von dieser ungewöhnlichen Methode zu hören.

Ihre und nun auch meine Heilpraktikerin gab mir wenig später eine Patienteninformation, aus der hervorging, dass sich bei der Entwicklung eines Embryos die Lunge und weitere Organe aus dem inneren Keimblatt bilden. „Beim inneren Keimblatt finden wir die Entsprechungen der seelischen Prozesse meist in den Problemen des Annehmens von

---

50 Eva Maria Pfeiffer: „Epigenetik Marion Menge" (Audiodatei aus 2019)

oft vergangenen, historischen Ereignissen und Verletzungen."[51]

Nun ging es schon wieder um Historisches! Ich fühlte mich ertappt, denn ich haderte tatsächlich viel. Auch das Heilungsangebot „Reinkarnationstherapie" gehörte zu den Dingen, mit denen ich haderte. Mein Pragmatismus sagte mir, dass es von der Vorsehung – oder wie immer man diese Instanz am Ende des Weltalls nennen mochte, die für alles zuständig war – äußerst mies geplant war, wenn Menschen fürchterliche Dinge erlebten und sich dann auch noch in einem späteren Leben mit deren Verarbeitung herumschlagen mussten. Ich ähnelte darin Mephisto in Goethes Faust, dem Geist, der stets verneint, und der das Leben der Menschen als „herzlich schlecht" beschrieb.

Eva Maria schrieb mir: „Liebe Marion, das ist alles sehr spannend. Du wirst sehen, die Beschäftigung mit deiner Krankheit und ihrer seelischen Bedeutung wird ein grandioser Erkenntnisprozess!"

Da lag sie richtig, nur mit dem grandios war ich mir nicht so sicher. Was brachten mir die Beschäftigungen mit meiner Krankheit und die Reinkarnationstherapiesitzungen? Mir meine Schwäche und Verletzlichkeit durch meine aktuelle Erkrankung vor Augen zu führen, fiel mir ohnehin schon schwer. Was ich über frühere Leben in Erfahrung

---

51 Aus Unterlagen der Meta-Cluster-Therapie nach Ulrich-Jürgen Heinz

brachte, machte es nicht besser. Da war bspw. die Missbrauchsgeschichte, von der ich annahm, dass sie mit einem nächtlichen Angriff auf mein Dorf während des Dreißigjährigen Krieges ihren Ausgang genommen hatte. In meinem heutigen Leben hatte ich nie unter übergriffigen und brutalen Männern zu leiden gehabt. Es gab keinen Missbrauch in meiner Familie. Ich musste mich nun mit Leiden auseinandersetzen, die auf den ersten Blick nicht meine waren und vor denen ich vermeintlich bisher verschont geblieben war. Eigentlich hatte ich genügend andere Probleme. Wozu nun auch noch die alten Geschichten aufwärmen?

Wie sich herausstellte, hatte meine Seele aus diesem damaligen so schweren Leben zuzüglich zu latenten Ängsten auch eine falsche Schlussfolgerung gezogen, die man in psychologischen Fachkreisen „Schuldverschiebung" nennt und die mich immer noch belastete. Bei diesem Phänomen folgert das Opfer aus dem, was ihm zugestoßen ist, dass es selbst an der Misere schuld sei. Dass das leidvolle Geschehen bspw. nicht passiert wäre, wenn es sich nicht am Tatort aufgehalten oder eine andere Reaktion gezeigt hätte usw. Das kann zu starken Schuld- und Schamgefühlen sowie zu unausgereiften Glaubenssätzen führen. Ich hatte als Teenager unerklärlicherweise lange Zeit Schwierigkeiten gehabt, meinen Körper anzunehmen - ich schämte mich grundlos für ihn -, war sehr kontaktscheu und blieb später in Beziehungen zu – im Übrigen häufig den falschen - Männern immer emotional etwas zurückgenommen, was ich mir anlastete und mir nicht erklären konnte. Und darauf hatte ich offenbar noch zusätzlich eine Schicht mephistophelischen Zynismus gepackt. Die schmerzlichen Auswirkungen des Missbrauchs von damals – und wahrscheinlich von noch weiteren Desastern in früheren Leben - hatten mehrere Inkarnationen überdauert und belasteten noch immer.

Ich erkannte nun Zusammenhänge, die ich zuvor nicht so genau hatte sehen wollen. Ihre bisher unerkannt - und dadurch ungebannt - gebliebenen Auswirkungen auf mich waren fatal. Na prima, kein Wunder, dass die Seelenwanderung in manchen Kulturen als mühseliges Rad der Wiederkehr beschrieben wurde und dass die Lehre von der Reinkarnation bisher im Good Old Europe nicht punkten konnte.

Wie löste man solche lang andauernden Miseren mithilfe von höherem Bewusstsein auf? In meinem Fall verbarg sich hinter der Schuldverschiebung die Weigerung, zu akzeptieren, dass ich Opfer gewesen war und dass ich hatte leiden müssen, ohne mich wirksam wehren zu können, und dass „das Leben" solche Grausamkeiten generell zuließ. Solange ich mich als diejenige betrachtete, der Schuld zukam, interpretierte ich meine Rolle in der damaligen Situation noch als tragend: Ich hatte es versemmelt! Ich hätte es verhindern können! Doch bei genauerer Betrachtung war ich der Gewalttätigkeit eines anderen Menschen völlig hilflos ausgeliefert gewesen und ich hatte in dieser Situation trotz Gegenwehr keinerlei Kontrolle bewahren können.

Ich fragte mich, warum in Rückführungen überwiegend Erlittenes und dessen Folgen aus früheren Leben aufschien? Schließlich war ich selbst sicherlich auch kein Kind von Traurigkeit gewesen und hatte während meiner zahlreichen Inkarnationen – zumal zu Kriegszeiten und häufig als Mann – bestimmt so manchen Zeitgenossen traktiert. Musste das nicht auch aufgearbeitet werden? Warum schien es aus seelischer Sicht vor allem so wichtig zu sein, die schmerzhaften Auswirkungen von Gewalt auf mich selbst bis ins Detail nachzuerleben und zu reflektieren? Eine Antwort, die mir später dazu kam, war, dass vor allem das Erleiden von Gewalt die Augen für Unmenschlichkeit öffnet. Danach – also vor allem in folgenden Leben – kann man nicht mehr „unschuldig schuldig" werden, weil man nun weiß, wie sich Grausamkeit anfühlt. Das alles waren wahrscheinlich notwendige Schritte auf dem Weg einer jüngeren Seele bis hin zu einer Inkarnation als gewaltvermeidender, mitfühlender Mensch.

Eine weitere therapeutische Sitzung brachte noch eine Situation im Kerker zutage. Was mir vorgeworfen worden war, konnte ich nicht erinnern. Es hatte aber offenbar gereicht, mich unter öffentlicher Ächtung auf einem Holzwagen zu dem Verließ zu bringen und mich dort einzumauern. Das bedeutete, lebendig begraben worden zu sein und sterben zu müssen, ohne das Tageslicht noch einmal sehen zu dürfen. Meine neue Therapeutin, die mir ebenfalls über Eva Marias Quelle angekündigt worden war, war ebenfalls medial begabt. Nicht ich erinnerte mich nun an die Geschehnisse und an die Gefühle im Kerker, sondern sie tat es für mich. Sie hatte ihre Augen geschlossen und flüsterte: „Es ist dunkel und ich bin gefangen. Keiner hört mich. Ich komme hier nie wieder raus!" Ja, so war es wohl gewesen, damals. Wie gnädig, dass ich nicht allein noch einmal diese Situation und die damit einhergehende Verzweiflung nacherleben musste.

Was meine Seele über Jahrtausende an Grausamkeiten erlebt hatte, verarbeiten musste und immer noch muss, ist fast jedem Menschen in der einen oder anderen Form in früheren Inkarnationen passiert, zumindest jedem, in dem heute eine ältere Seele wohnt. Frieden, das Gewaltmonopol eines demokratischen Staates, freie Persönlichkeitsentfaltung für beide Geschlechter und weitere zivilisatorische Errungenschaften sind auch heute noch weltweit ein seltenes Gut und fast nur in sog. westlichen Gesellschaften zu haben. Viele Entwicklungen dahin gingen vom Herzen Europas aus – von dort, wo der Dreißigjährige Krieg so unbarmherzig gewütet hatte. Und vielleicht wurden sie vor allem von solchen Seelen hervorgebracht, die, über Inkarnationen hinweg, bereits eine Menge gelernt hatten.

Die allgemeine Anhebung des Bewusstseins wirkt sich auch auf die DNA aus

Ich hatte verpasst, genauer nachzufragen, als die Quelle über die menschliche DNA gesprochen und die steile These in den Raum gestellt hatte, die ich in einer ersten Reaktion für unglaubwürdig hielt: dass sich die menschliche DNA verändere! Wie? Einfach so?

Eva Maria: „Ich habe eine Frage zur DNA der Menschen. Ihr habt uns gesagt, dass sie sich verändern wird und dass es sogar schon Menschen mit einer veränderten DNA gibt. Könnt ihr uns das bitte noch näher erläutern?"

Die Quelle: „Biologinnen und Gentechnologen werden euch bestätigen, dass ein großer Teil der Gene eurer DNA noch gar nicht genutzt wird. Die Erweiterung der DNA wird zweifach geschehen: Zum einen werden bestimmte Gene, die bisher nicht genutzt wurden, aber in den Menschen schon einige Zeit vorhanden sind, nun aktiviert, zum anderen werden sich die DNA-Stränge erweitern. Es wird also das, was ihr vielleicht jetzt schon in der Retorte erreicht oder zu vollziehen versucht, als ein evolutionärer Prozess auftreten, bei dem sich die menschliche DNA von selbst verändern und erweitern wird."

Eva Maria: „In welchen Lebensbereichen wird sich dies zeigen? Wird es auch weniger Krankheiten geben, oder wie können wir uns das vorstellen?"

Die Quelle: „In der Tat ist es denkbar, dass gewisse Gene, die bisher bei euch Krankheiten verursachen, ‚stillgelegt' werden durch die Evolution. Jedoch ist hier noch eine genetische Interdependenz-Aufgabe abzuarbeiten beziehungsweise zu erfüllen. Denn solange die seelische Aufgabe hinter einer Erbveränderung nicht gelöst ist, wird es nicht möglich sein, gewisse Gene auszuschließen.

Was wir euch aber zu eurer Frage noch sagen können, ist, dass sich das gesamt-seelische Bewusstsein auf die DNA der Menschheit auswirken wird, und zwar dergestalt, dass bestimmte Gene nicht mehr weitergegeben werden müssen oder sollen, weil sie der Erhöhung des seelischen Bewusstseins und damit des menschlichen Bewusstseins im Wege stehen.

Es wird also zu einer großen Veränderung des menschlichen Erbguts kommen, wie ihr sie in der Menschheitsgeschichte noch nicht erlebt habt. Jedoch wird der Zeitraum, in dem diese sich vollzieht, sehr lang sein, und wir können ihn nur sehr ungenau in eurer menschlichen, zeitlichen Dimension voraussagen. Wir meinen, er wird Jahrhunderte, wenn nicht Jahrtausende dauern, denn die Auswirkungen können sich nur schrittweise, also immer erst von Generation zu Generation zeigen.

Wir hoffen sehr, dass wir mit dieser Aussage auch eure Genforscher und Gentechnologinnen darauf hinweisen können, welches Potenzial in der DNA noch liegt. Die Leistung derjenigen Menschen war und ist groß, die die DNA und ihre Zusammenhänge entdeckten und noch weiter erforschen werden. Das große Potenzial der DNA kann zum Nutzen der Menschheit eingesetzt werden."

Eva Maria: „Derzeit wird das Potenzial der DNA wohl eher zum Schaden der Menschheit eingesetzt. Es gibt bereits Firmen, die das Erbgut von Menschen bestimmen lassen, die sich dort um eine Arbeit bewerben. Sie wollen so gesundheitliche Dispositionen erkennen, um die Leute dann ggf. gar nicht erst einzustellen. Es kommt also jetzt schon zu Benachteiligungen."

Die Quelle: „Auch dies gehört zu den Effekten, die durch den technologischen Fortschritt immer wieder auftreten werden. Denn solange es Menschen gibt, solange werden Menschen in alle Richtungen forschen und versuchen, die neu entdeckten Technologien für bestimmte Dinge einzusetzen – auch für solche, die aus eurem Blickwinkel nicht gerade förderlich für die Menschheit zu sein scheinen. Jedoch werden sich auch hier durch die Anhebung des seelischen Bewusstseins neue Möglichkeiten eröffnen. Zum Beispiel könnten Menschen, wenn sie aufgrund eines Gendefektes nicht in einer Firma erwünscht sind oder dort arbeiten können, über andere Systeme, wie sie bei euch als eure Sozialsysteme noch in den Anfängen liegen, aufgefangen werden.

*Auf der anderen Seite ist es so, dass das Potenzial der Menschen, die sich durch bestimmte Krankheiten und Gendefekte – wir wollen es einmal **so** nennen – ‚von der Außenwelt abgrenzen', noch überhaupt nicht entdeckt ist. Wir kommen in diesem Zusammenhang noch einmal auf Greta Thunberg zurück, die an einer leichten Form des sogenannten Asperger-Syndroms leidet. Es ermöglicht ihr, sich derart stark abzugrenzen, dass sie ihren sehr geradlinigen, aber auch sehr steinigen Weg gehen* *kann. Hier ist deutlich zu sehen, wie sinnvoll auch eine Einschränkung sein kann – die ihr vermeintlich als Krankheit einstuft –, um Großes innerhalb der Gesellschaft zu bewirken. Die Seele, die in Greta wohnt, hat diese gesundheitliche Einschränkung vor ihrer Inkarnation bewusst gewählt, um ihren Weg in diesem Leben besonders konsequent gehen zu können. Wir würden es begrüßen, wenn ihr Kranken und Behinderten mehr Aufmerksamkeit und Liebe schenken würdet, denn auch in Menschen, die nicht eurer Norm entsprechen, steckt ein großartiges Potenzial für das gesamt-seelische Bewusstsein.*

Es ist für eine Seele notwendig, auch einmal ein Leben in einem Körper zu verbringen, der nicht den normierten Ansprüchen genügt, beziehungsweise die Erfahrung zu machen, wie es ist, Hilfe von anderen Menschen in Anspruch zu nehmen. Diese Erfahrung bereichert das Bewusstsein dieser Seele, der Seelenfamilie und später auch das gesamt-seelische Bewusstsein, sodass auch ein solcher schwieriger Lebensumstand letztlich gute Früchte hervorbringen kann. Wann immer Menschen mit Behinderungen Schutz, Fürsorge und Liebe erfahren, werden ihre Seelen diese positive Erfahrung in irgendeiner Form in einem weiteren Leben weitergeben wollen und können. Seelische Entwicklung zielt darauf ab, einen Ausgleich zu schaffen zwischen Geben und Nehmen. Und sollte dies innerhalb einer Inkarnation nicht möglich sein, dann in einer der nächsten.

Es ist also ein großartiger Fortschritt in eurer Gesellschaft, wenn es euch gelingt - und derzeit gelingt es auch schon -, Menschen mit einer Behinderung Fürsorge und Schutz zu geben und ihnen ein lebenswertes Leben zu ermöglichen. Das gilt auch im Hinblick auf die immer älter werdenden Menschen, nicht nur in Deutschland. Alle pflegerischen Dienste - die stark wachsende Berufsfelder darstellen - werden sich auf das Bewusstsein der Menschheit auswirken. Alles, was im positiven Sinne von Mensch zu Mensch gegeben wird, wird auch wieder zurückkommen. Das ist ein Punkt, den wir mit euch in dieser Form noch nicht erörtert haben, auf den wir aber ein großes Augenmerk legen."[52]

Welche Gene werden in der Zukunft nicht mehr weitergegeben? Wir wollten dies genauer wissen. Die Antwort war ein wenig vorhersehbar und zugleich kaum zu glauben:

Eva Maria: „Welche Gene werden in der Zukunft wegfallen oder ausgeschaltet werden?"

Die Quelle: „Es sind jene Teile der DNA, in denen Ur-Instinkte angelegt sind, welche aus der evolutionären Biologie des Säugetiers ‚Mensch' resultieren und bisher dafür verantwortlich sind, dass sich der Mensch dementsprechend verhält. Instinktives Primaten-Verhalten, wie blutige Territorial-Kämpfe, kämpferische Auseinandersetzungen um Rangordnung oder Angriffe auf Nicht-Sippenangehörige, gehört beispielsweise dazu. Die menschliche DNA ist nun auf einem Entwicklungsniveau angelangt, wo sie die biologischen Informationen solcher Ur-Instinkte nicht mehr braucht, um den Anforderungen des Menschseins auf dem Planeten Erde gerecht zu werden. Es wird also in der Zukunft eine neue

---

[52] Eva Maria Pfeiffer: „DNA und Fürsorge" (Audiodatei aus 2019)

Spezies von Menschen geben, die - vergleichbar, aber nur in Ansätzen - einen so großen Schritt im entwicklungsbiologischen Sinn macht, wie in etwa es der Schritt zum Homo sapiens hin war, jener Menschen-Art, bei der die Beseelung aus dem All-Ganzen begonnen hat.

Die Evolution ist ein langatmiger, andauernder Prozess, und sie ist noch nicht vollendet. Und so dürft ihr gespannt sein, wohin die Menschheit sich noch entwickeln wird. Die angehobene Energie des gesamt-seelischen Bewusstseins trägt dazu bei, dass sich die Biologie des Menschen verändern und anpassen wird an die Gegebenheiten und Erfordernisse der Zukunft. Wie ihr seht, interpretieren wir die Geschichte der Menschheit trotz aller Wirren als eine Erfolgsgeschichte. Und viele Menschen werden sich nur schwer dem Gedanken öffnen können, dass die Welt nicht untergeht, sondern an der Schwelle von etwas ganz Neuem steht. Und doch ist es so. Wir werden dir dazu immer wieder neue Botschaften übermitteln."[53]

---

53 Eva Maria Pfeiffer: „Wegfallende Gene" (Mail an Marion Menge aus 2019)

IV. Teil

Gesellschaft gestalten

„Wir möchten dich bitten, unsere Botschaften anzuhören. Sie beziehen sich auf die Art und Weise, wie ihr zusammenlebt und eure Beziehungen, gesellschaftlichen Systeme, Finanzsysteme und politischen Systeme gestaltet."
Die Quelle

Verträge weisen den Weg in die Zukunft

Eva Maria erhielt für unser Buchprojekt die Jahreszahl 1785, zu der wir forschen sollten. Das war nun ein weites Feld, und wir hatten keine andere Chance, als es aufs Geratewohl mit einigen historischen Ereignissen in diesem Jahr zu versuchen. Diese Jahreszahl sollte viel später noch einige Überraschungen zutage fördern, denn sie wurde der Ausgangspunkt für ein weiteres Buch. Ein wichtiges Ereignis des Jahres 1785 war der erste öffentlich präsentierte Knallgas-Versuch des Naturforschers Antoine Laurent de Lavoisier – bei dem es auch um Wasserstoff ging! Aber dies ist eine andere Geschichte.

Eva Maria: „Um 1785 herum gibt es viele historische Ereignisse, nach denen wir euch befragen könnten. Wir haben zwei ausgesucht: Der Astronom Wilhelm Herschel entdeckte weit entfernte Sternenhaufen, und Friedrich der Große schloss eine Art Freundschaftsvertrag mit den USA, in dem zum ersten Mal humane Haftbedingungen für Kriegsgefangene ausgehandelt wurden."

Die Quelle: „Letzteres ist in der Tat ein Ereignis, das sich sehr gut von unserer Warte aus kommentieren und einfügen lässt in das Mosaik von geschichtlichen und zukünftigen Bezügen, die wir euch nach und nach enthüllen wollen. Dieser Vertrag, der zwischen dem damaligen Deutschland und der Macht der Vereinigten Staaten von Amerika geschlossen wurde, stellt einen Meilenstein in der Geschichte dar. Die beteiligten Völker begannen auf der Basis einer rechtlich wirksamen Vertragsregelung in einer friedlichen Koexistenz zu leben oder zumindest damit zu beginnen.

Dieser Vertrag begründete eine seelische Qualität, die wiederum Menschen in eurer gegenwärtigen Zeit, aber auch in der Zukunft dazu veranlassen wird, solche oder ähnliche Abkommen zu schließen, um das Prinzip der friedlichen Koexistenz zu fördern. Hier ist es so ähnlich wie bei der Durchsage, die wir dir zu dem Zusammenhang zwischen dem Dreißigjährigen Krieg und dem Nationalsozialismus gegeben haben: Durch einen politischen Akt entwickelt sich eine – neutral formuliert - neue seelische Qualität, wovon sehr viele Seelen direkt oder indirekt betroffen sind. Das weckt in ihnen das Bedürfnis, in einem weiteren, späteren Leben ähnlich zu handeln. Was wir damit sagen wollen, ist: Die Abfolge eurer geschichtlichen Ereignisse ist im Prinzip schon in der Vergangenheit zugrunde gelegt. Alles, was einmal da war, hatte Auswirkungen auf die Menschen, die zu dieser Zeit lebten. Und sehr viele Seelen haben daraufhin beschlossen, in einem mehr oder weniger weit entfernten späteren Leben das Erfahrene auf einer höheren Bewusstseinsstufe noch einmal zu bearbeiten.

Ihr könnt euch das in etwa so vorstellen: Nehmen wir an, ein Soldat hat durch diesen Vertrag, der damals zwischen Deutschland und den USA geschlossen worden war, profitiert. Er fand als Kriegsgefangener zum ersten Mal gute, humane Haftbedingungen vor. So ist in dieser Seele vielleicht der Wunsch gewachsen, diese Erfahrung einmal weitergeben zu können. Es ist jedoch in den seltensten Fällen möglich, eine Erfahrung dieser Art im selben Leben weiterzugeben. So haben viele Seelen einen Speicher für unerfüllte Wünsche und ungelebte Erfahrungen angelegt, den sie in ihren nächsten Inkarnationen öffnen und aus dem sie ihre Ziele und Entwicklungspläne formulieren wollen.

Es kann also sein, dass sich die Seele des Soldaten zu einem späteren Zeitpunkt in einem ähnlichen Umfeld inkarniert und vielleicht als Gefängnispfarrer oder Psychologe dafür sorgt, dass Menschen, die – aus welchem Grund auch immer – eine Inhaftierung erleben müssen, einen menschlicheren Aspekt dieses Umstands erfahren. Vielleicht ermöglicht die Seele als Psychologe manchen, die ein Verbrechen begangen haben, ihr Verbrechen zu reflektieren und ihren Lebenswandel zu ändern. Wenn so etwas geschieht, ist der gespeicherte Wunsch aus dem vorangegangenen Leben im Erfahrungsspeicher erfüllt und der Hunger der Seele gestillt.

Zu Wilhelm Herschel: Wilhelm Herschel war ein Forscher, der sich mit großer geistiger Neugier und großer Leidenschaft der Astronomie widmete. Er war ein Pionier der kosmischen Welten. Er hat für seinen Wissenschaftszweig Räume geöffnet, die bis dato noch nicht entdeckt waren und die in seinen wissenschaftlichen Kreisen damals auch nicht für möglich gehalten wurden. Er hat es außerdem geschafft, mit seiner Entdeckung des Planeten Uranus in die Annalen der Geschichte einzugehen. Am Beispiel Herschels könnt ihr ablesen, was es bedeutet, dass das Bewusstsein der Menschheit angehoben wird. Es wird Schritt für Schritt und in vielen Bereichen angehoben. Herschel schuf ein größeres Bewusstsein für den Kosmos – was zwar heute mehr oder weniger selbstverständlich ist, aber damals einen großen Entwicklungssprung einleitete, nämlich sich dessen bewusst zu werden, dass das menschliche Sein in einen viel größeren Kosmos eingebettet ist."[54]

Seelische Interdependenz ist kein Phänomen, welches über Inkarnationen hinweg nur bei Einzelseelen wirkt und Auswirkungen auf Entscheidungen und Lebensweisen ihrer Träger hat, sondern auch ein Phänomen, welches kollektiv ganze Völker und Nationen betrifft. Wieder gemeinsam in unserer Holzhütte, suchten Eva Maria und ich nach einem weiteren historischen Vertrag, der große geschichtliche Auswirkungen gehabt hatte.

---

54 Eva Maria Pfeiffer: „1785, Vertrag, Herschel" (Audiodatei aus 2019)

Marion: „Wir feierten vor einiger Zeit ein Jubiläum – 100 Jahre Friedensvertrag von Versailles. Darin kommt zwar das Wort ‚Frieden' vor, aber dieser Vertrag konnte den Zweiten Weltkrieg nicht verhindern. Inwiefern ergeben sich daraus noch seelische Interdependenzen?

Die Quelle: „Dieser Friedensvertrag hat in der Tat Konsequenzen, die bis in die heutige Zeit hineinreichen. Er hat einerseits dazu geführt, dass zwischen den Nationen, die an diesem Vertrag beteiligt waren, bis heute immer wieder Spannungen aufflackern. Andererseits hat er das Kriegerische zwischen den Nationen erst einmal beendet und eine Form des Zusammenlebens ermöglicht, die nicht mehr mit gewaltsamen Auseinandersetzungen behaftet war. Daher hat er aus unserer Sicht in der damaligen Zeit eine wichtige Funktion gehabt. Die Menschen der Nationen, die daran beteiligt waren, konnten sich erst einmal von den gewaltsamen Erfahrungen des Krieges erholen. Der Vertrag reicht weit bis in die heutige Zeit hinein und hat auch jetzt, 100 Jahre später, noch seine Auswirkungen.

Nehmen wir einmal das Phänomen, das ihr ‚Brexit' nennt. Der Austritt des Vereinigten Königreichs aus der EU geht beispielsweise vorrangig auf Menschen zurück, deren Seelen sich bereits einmal zur Zeit des Versailler Vertrags inkarniert hatten und das Wohl des britischen Volks durch ihn in Gefahr sahen. Das bedeutet: Ein Friedensvertrag kann nie endgültig einen Schlussstrich unter einer Auseinandersetzung ziehen, die bei so vielen Menschen und so vielen Nationen zu großem Leid und großer Ungerechtigkeit geführt hat.

Durch diesen Vertrag wurde erst einmal ein Deckel auf den Topf gesetzt - um es einmal etwas plastischer auszudrücken -, aber die Suppe in diesem Topf brodelt noch, und ab und zu entweicht Dampf. Es kann sein, dass Ereignisse, wie ihr sie derzeit in dem Staatenverbund der Europäischen Union erlebt, diese heiße Suppe noch einmal in einigen Blasen hochkochen lassen."

Marion: „Wir würden hier gerne noch einen Schritt zurückgehen. Im Versailler Vertrag wurde vereinbart, dass Deutschland seine Kolonien abzugeben hätte. Wir vermuten, dass die vormalige Kolonialherrschaft von Deutschland auch Konsequenzen für die Zukunft hat?"

Die Quelle: „Der Kolonialismus hat als Form der Eroberung anderer Völker in jeglicher Hinsicht Auswirkungen auf die Zukunft. Das ist ein weites, großes politisches Feld."

Marion: „Können wir an dieser Stelle schon kurz über Namibia sprechen?"

Die Quelle: „Es ging bei Deutschland und Namibia zur Zeit des Kolonialismus - der viel Ungerechtigkeit mit sich brachte -, darum, die Entwicklungsaufgabe ‚Schuld und Unschuld zwischen Völkern' zu bewältigen. In dieser Zeit kam es zu gewaltsamen Vorfällen, die ihr ‚Genozid' nennt und die in einigen Teilen der Welt auch heute noch stattfinden. Das ist ein Thema, welches wir bisher noch nicht detailliert beleuchtet haben, welches wir euch aber nahebringen können und möchten, sofern es euch ein Bedürfnis ist.

Wie es bei den Menschen mit ihren Einzelseelen der Fall ist, können und dürfen[55] *auch Völker miteinander bestimmte seelische Fragestellungen bearbeiten. Dies können sie jedoch in der Zukunft auf andere Art als mit gewaltsamen Auseinandersetzungen tun, wenn die Anhebung des Bewusstseins weiter fortgeschritten ist.*

Was heißt das nun für dieses Beispiel, das ihr uns gegeben habt: Deutschland und Namibia? ‚Schuld und Unschuld zwischen Völkern und Nationen' kann auf dem Wege bearbeitet werden, dass eine Schuld offiziell anerkannt wird. Diese Anerkennung kann im Bereich der Politik sichtbar werden, wenn sich zum Beispiel eine Nation offen dazu bekennt, an einer anderen Nation schuldig geworden zu sein und diese um Vergebung bittet. Das Geschehene kann aber auch auf individuell-seelischem Weg verarbeitet werden. Dies ist der Fall, wenn sich Menschen heute friedvoll begegnen, deren Seelen sich in der Zeit des gewaltsamen Geschehens inkarniert hatten.

Es geht aber bei den Entwicklungs-Aufgaben einer Kollektivseele nicht nur um nur im Miteinander mit anderen Kollektivseelen zu bewältigenden Herausforderungen, wie zum Beispiel ‚Schuld und Unschuld', sondern daneben um ähnliche Fragestellungen wie bei Einzelseelen. Die Nation Deutschland und deren Kollektivseele hat zum Beispiel eine Fülle an seelischen Themen zu bearbeiten, die auch in eure aktuelle politische Situati-

---

55 „Können und dürfen" als Formulierung im Kontext von Gewalttaten wirkt befremdlich. In den seelischen Welten wird sehr viel innerhalb des Kontextes von seelischem Lernen betrachtet.

on hineinspielen. Da wäre beispielsweise die Frage der Separation oder des Zusammenschlusses. Die Aufgabe, die die Kollektivseele Deutschland nun zu bewältigen hat, betrifft also die Fragen nach Individualität einerseits und Gemeinsamkeit andererseits: Wie wichtig ist es, mit anderen Nationen eng zu kooperieren? Wenn es wichtig erscheint, mit welchen? Welche Formen braucht es dafür? Oder ist ein nationaler Alleingang ohne verbündete Nationen die bessere Wahl? In diesem Widerstreit befindet sich heute die Kollektivseele Deutschland, die wir der Einfachheit halber ‚Deutschland' nennen wollen. Dieser Widerstreit spiegelt sich in euren politischen Debatten, auch innerhalb der Europäischen Union. Das ist es, was wir euch in diesem Moment zu diesem Thema weitergeben möchten."[56]

Eva Maria befragte die Quelle später nochmals genauer zu dem Aussöhnungsprozess zwischen Deutschland und Namibia.

Eva Maria: „Die Bundesregierung hat beschlossen, die Schuld am Genozid an zwei Bevölkerungsgruppen in Namibia mit 1,1 Milliarden Euro zu tilgen. Dazu ist unser Bundespräsident, Frank-Walter Steinmeier, nach Namibia gereist. Jedoch stieß er dort auf Widerstand. Ein energischer Kämpfer gegen das Vertragswerk, der Herero-Oberhäuptling Chief Vekuii Reinhard Rukoro, hat sich dagegen gewehrt, dass die Delegation nicht direkt mit ihm und seinem Volk gesprochen hat. Tragischerweise

---

56 Eva Maria Pfeiffer: „Lernaufgaben von Kollektivseelen und EU heute" (Audiodatei aus 2019)

ist er nun verstorben. Möchtet ihr uns noch etwas sagen zu dieser Geschichte zwischen Deutschland und Namibia?"

Die Quelle: „In der Tat liegt eine gewisse Tragik in der Angelegenheit dadurch, dass nun einer der Streiter gestorben ist, der sich für einen Ausgleich und für die Versöhnung zwischen den Völkern ein Leben lang eingesetzt hat. Dessen Seele ist nun exkarniert, und dies zu einem Zeitpunkt, da dieser Ausgleich gerade geschaffen werden sollte. Das hat jedoch auch einen bestimmen Grund, denn diese Seele hatte – wenngleich ihr dies wahrscheinlich nur schwer nachvollziehen könnt – mit der Avisierung eines Schuld-Ausgleiches in Form von Geld ihr Ziel erreicht.

Was nun noch nicht in ausreichendem Maß vollzogen ist, ist der Akt der Versöhnung, für den es in euren derzeitigen politischen Protokollarien noch kein ausreichend geeignetes Ritual gibt. Eure Politiker reisen zwar in das betreffende Land und bitten in einer emotionalen Rede um Vergebung. Jedoch genügt dieser offizielle Akt nicht, wenn es darum geht, die Kollektivseele des geschädigten Volkes zu beruhigen. Hier kommt es darauf an, nicht nur den richtigen Ton zu treffen, sondern auch die kulturellen Eigenheiten zu berücksichtigen.

Was nun das Volk der Herero anbetrifft, so wäre es hier wichtig gewesen, dass nicht nur ein männlicher Vertreter Deutschlands anreist, eine Rede hält und um Verzeihung bittet, sondern auch eine Frau. Denn bei diesem Volk ist es von großer Bedeutung, dass beide Geschlechter gleichermaßen angesprochen werden. Und so wäre es aus unserer Sicht eine großartige Geste gewesen, wenn auch eine weibliche Vertreterin Deutschlands anwesend gewesen wäre. Ihr seht also, wie komplex Schuldausgleich sein kann und wie wichtig dabei eine sensible Vorgehensweise ist.

Die Herero sind ein Volk voller Stolz, dessen Würde durch den damaligen Genozid verletzt wurde. Es entspricht ihrem Stolz, wenn sie sich nun mit den angebotenen 1,1 Milliarden Euro nicht zufriedengeben. Es wäre angemessener gewesen, sie als die Geschädigten zu fragen, in welcher Höhe sie einen materiellen Schuldausgleich akzeptabel gefunden hätten. Auf dieser Basis hätte die deutsche Regierung dann ihre Sicht der Dinge darlegen können. Der einseitige Akt zeigte nun zwar den guten Willen auf deutscher Seite, ist jedoch mit einem patriarchalen Impetus - der dem des Kolonialismus gleichkommt, nur auf einer ‚harmloseren' Ebene - ausgeführt worden.

Um es etwas anders auszudrücken: Heute wie damals bestimmte die deutsche Seite den Ton, indem sie in Namibia die Dinge so regeln wollte, wie es aus ihrer Sicht richtig erschien. Viel besser wäre es aber gewesen, verschiedene Führer der Hereros nach Deutschland einzuladen, um öffentlich über den sogenannten Schuldausgleich zu debattieren. Diese Debatte wäre auch in euren Medien deutlich sichtbarer gewesen als der versuchte einseitige Staatsakt. Wir hoffen, euch verständlich gemacht zu haben, wie sensibel in dieser Sache verfahren werden muss – vor allem auch bei zukünftigen Ausgleichsbemühungen, denn diese werden für alle Länder notwendig sein, die sich zur Zeit des Kolonialismus an anderen Völkern schuldig gemacht haben.

Es genügt aus unserer Sicht nicht, nur in das Land zu fahren und um Verzeihung zu bitten. Es geht vielmehr darum, nun endlich die kulturellen Eigenheiten und den kulturellen Schatz eines jeden Volkes zu würdigen und anzuerkennen. Dies muss auf einer weitaus sensibleren und breiteren Ebene geschehen, als nur einfach ein Abkommen zu schließen, in dem zwar ein Schuldeingeständnis steht und eine Summe vereinbart wird, in dem aber meist nichts davon zu spüren ist, ob und wie sich das Verständnis für eine andere Kultur, für eine andere Form des Zusammenlebens bei anderen Völkern, gewandelt hat.

Um es noch einmal abschließend zu sagen: Dies war kein Treffen auf Augenhöhe. Deshalb ist es bei den Vertretern der Herero, aber auch bei Vertretern anderer dortiger Volksstämme zu Verstimmungen gekommen."

Eva Maria: „Woran erkennt man unlautere Absichten?"

Die Quelle: „Dazu würden wir zählen, wenn ein finanzieller Schuldausgleich angeboten wird, allein aus dem Grund, dann endlich Ruhe zu haben vor den Forderungen und Ansprüchen eines anderen Volkes. Zu einer unlauteren Absicht würden wir zählen, wenn ein Schuldausgleich unter politischem Druck geschieht oder wenn er erpresst wird. Eine Erpressung kann auch aus der Richtung der Forderung kommen. Es ist also wichtig, dass hier sehr lange und in aller Öffentlichkeit gesprochen und debattiert wird, bis die ausgleichswillige Seite und die Anspruch-erhebende Seite auf Augenhöhe stehen.

Dies ist im Übrigen ein Prinzip, das wir euch auch für eure persönlichen Beziehungen antragen möchten, denn Hilfe kann nur geschehen, wenn sich Gebender und Empfangender auf gleicher Ebene befinden und sich nicht einer über den anderen erhöht."

Eva Maria: „Vielen Dank!"[57]

Seelenaufgaben von Ländern

Da wir schon einmal dabei waren, wollten wir noch mehr über Kollektivseelen von Völkern und Nationen wissen. Es war ein sehr neues Themengebiet für uns, aber wir sahen darin ein immenses Potenzial. War es denkbar, dass in der Zukunft kausale Quellen zu Regierungsberatern wurden?

Eva Maria: „Welche Seelenaufgaben haben Deutschland und Polen sowie Deutschland und Frankreich jeweils miteinander zu meistern?

Die Quelle: „Dies ist eine sehr sinnvolle Frage, denn an diesen Länderverbindungen kann man sehen, wie seelische Interdependenz durch die Jahrhunderte hindurch wirkt.

Beginnen wir mit Polen: Polen ist in seiner Vergangenheit vielen verschiedenen Mächten unterworfen gewesen,

---

57 Eva Maria Pfeiffer: „Deutsche Aussöhnung mit Namibia" (Audiodatei aus 2021, aus aktuellem Anlass nachträglich eingefügt.)

und deshalb sucht es immer noch eine eigene Identität. In diesem Ringen um Identität spiegelt sich auch das seelische Bewusstsein dieses Volkes wider, das in sich keine einheitliche Ethnie mehr ist, sondern von anderen Völkern und Volksstämmen durchmischt wurde. In Polen ist eine Regierung an der Macht, die versucht, die Menschen in einer nationalen Ideologie zu vereinen und einem explizit polnischen Geschichtsglauben zu unterstellen, der jedoch nicht immer den Tatsachen entspricht. Die ‚Kollektivseele Polen' – so wollen wir sie der Einfachheit halber einmal nennen - ist von der Aufgabe getrieben, sich neu zu erfinden zu einer Nation mit großer innerer Stärke, um nicht erneut Spielball äußerer Mächte zu werden, wie es in den vergangenen Jahrhunderten wiederholt der Fall gewesen ist.

Es gilt nun also, diese Kollektivseele dahingehend zu verstehen, dass sie nach solchen Kräften sucht, die vermeintlich eine Identität schaffen. Deshalb kam es auch zu den Ereignissen, die ihr aus eurer deutschen und westeuropäischen Sicht als Verletzung der Rechtsstaatlichkeit ansehen mögt, wie zum Beispiel eine mangelnde Unabhängigkeit der Gerichte. Jedoch handelt es sich dabei für die Kollektivseele Polen um Schritte von äußerster Wichtigkeit auf dem Weg zu nationaler Stabilität und Einigkeit, damit sie sich in der Zukunft eigenständig entfalten und diese Eigenständigkeit auch bewahren kann.

Zwei Entwicklungen deuten sich an: Zum einen können sich Nationalismen in Polen verfestigen, die die Kollektivseele zufriedenstellen und eine Art innere Stabilität schaffen. Andererseits gibt es in diesem Land sehr viele reife und alte Seelen, die mit der Art der Staatsführung, die eher dazu neigt, diktatorische Formen anzunehmen, nicht mehr konform gehen wollen. Sie werden früher oder später versuchen, ihre Vorstellung von Demokratie und Freiheit zu verwirklichen.

In der momentanen Situation befindet sich die Kollektivseele Polen also in einem inneren Widerstreit. Wir würden sagen, dass etwa zwei Drittel der Seelen sich mit dem Kurs, den die derzeitige Regierung fährt, anfreunden können und diesen auch im Hinblick auf ihre eigene Entwicklung für gut befinden. Jedoch ein Drittel wird immer wieder in verschiedenster Weise aufbegehren, um seine Freiheitsrechte einzuklagen.

Was dies nun für Deutschland bedeutet, ist Folgendes: Es ist wichtig, dass die Politiker und Politikerinnen, die diesem Land vorstehen, die Regierung eures Nachbarlandes achten und nicht zu maßregeln versuchen, wenngleich dies aus deutscher Sicht sehr schwierig erscheinen mag. Es ist wichtig, Polen die Freiheit zu lassen, sich so zu entwickeln, wie es das derzeit möchte. Aus diesem Grund ist der Staat Deutschland gut beraten, den Willen des polnischen Volkes – auch wenn er sich aus deutscher Sicht nicht auf demokratischem Wege ausdrücken mag – zu respektieren.

Ebenso verhält es sich mit Frankreich, das nun erneut eine nationale Identität und eine Vormachtstellung anzustreben versucht und dabei immer wieder die Interessen der deutschen Politik konterkarieren mag. Auch hier gilt es für die deutsche Politik, die Kollektivseele des französischen Volkes und ihren Weg, erneut eine nationale Identität zu finden, zu respektieren. Hierbei spielt Emanuel Macron eine entscheidende Rolle, denn er ist durch die seelische Epigenetik seiner Vorfahren geprägt und will seine Nation vor äußeren Einflüssen schützen. Auf der anderen Seite ist er ein Kind seiner Zeit. Sich als weltmännischen Staatsmann gebend, ist er durchaus willens, sich globalen Themen zu widmen und die Europäische Union voranzutreiben.

Wie lautet nun die kollektivseelische Aufgabe des Landes Polen? Sie lautet: in einer sich verändernden Welt eine nationale Identität aufzubauen und zu bewahren. Die kollektivseelische Aufgabe von Frankreich ist nicht so einfach zu formulieren, denn sie ist von dem Umstand geprägt, dass sich in diesem Land viele einzelseelische Aufgaben vermischen, die aus den ehemals kolonialisierten Volksgruppen resultieren. Wir möchten einmal versuchen, es so zu formulieren: Die kollektivseelische Aufgabe Frankreichs besteht derzeit darin, eine neue nationale Identität zu schaffen und dabei die Menschen, deren Vorfahren aus anderen Nationen stammen und in dieses Land gekommen sind, zu integrieren. Die kollektivseelische Aufgabe Frankreichs ist also weitaus größer und diffiziler als die Polens, da es zudem ein viel größeres Land ist, in dem auch entsprechend mehr Seelen inkarniert sind. Und auch die Seelen, die in den Ländern der früheren französischen Kolonien inkarniert sind, möchten gehört werden. Frankreich ist also auf der Suche nach etwas Neuem, das in dieser großen Nation Einigkeit schaffen kann und sie neu definiert. Auch hier versuchen nationalistisch orientierte Kräfte, nationale Identität wiederherzustellen. Diese Form der nationalen Identität, wie sie den national-gesinnten Politikerinnen und Politikern vorschwebt, ist jedoch nicht mehr zukunftsfähig und entspricht auch nicht dem Entwicklungsstand der

Kollektivseele Frankreich.

Was die Kollektivseele Deutschland betrifft, so haben wir euch ihre Aufgabe bereits genannt. Sie besteht darin, zwischen der Verbundenheit mit anderen Nationen und der Separation abzuwägen. Und hier geht es mit großer Wahrscheinlichkeit auch darum, neue Bündnisse zu schließen mit Völkern, deren Kollektivseelen der deutschen Kollektivseele noch nicht nahestehen, um so die Zukunft des Landes auch in seiner wirtschaftlichen Form zu sichern. Die Kollektivseele dieses Landes steht vor der großen Aufgabe, sich den Kollektivseelen anderer Länder zu nähern und sich mit ihnen anzufreunden. Das ist für viele, die sich nach einer Art ‚Deutschtum' sehnen – das jedoch der Vergangenheit angehört – kein einfacher Schritt. Und so wird es hier auch weiterhin immer wieder zu Auswüchsen kommen, die ihr als Rechtsradikalismus und Populismus bezeichnet."

Eva Maria: „Gibt es noch weitere Länder, über die wir sprechen könnten oder sollten? (Einige Sekunden verstreichen.) Japan und Ruanda? Sollen wir hier Fragen vorbereiten?"

Die Quelle: „Wir bitten euch, die Vergangenheit der letzten zwei, drei Jahrhunderte dieser Länder zu betrachten und daraus für uns Fragen zu entwickeln, welche die jeweilige Kollektivseele beleuchten können."[58]

---

58 Eva Maria Pfeiffer: „Seelenaufgaben von Deutschland, Frankreich, Polen" (Audiodatei aus 2019)

Japan und Deutschland

Marion: „Wir würden gerne zu Japan Fragen stellen. Gibt es aus eurer Sicht etwas zu der Verbindung der Kollektivseele Japan und der Kollektivseele Deutschland zu sagen?"

Die Quelle: „Die Kollektivseele der Nation Japan hat eine starke Energie, wie sie nur selten bei Völkern oder Ethnien vorkommt. Wir haben Japan gewählt, um noch einmal zu verdeutlichen, welchen Stellenwert ein kollektivseelisches Bewusstsein für eine Nation hat.

Die Kollektivseele Japan ist eine ausgesprochen alte Seele, die sich immer wieder dem Bemühen, sich in der Segmentierung zusammenzuschließen, widmet. Hier resultiert die Vereinzelung aus der Tatsache, dass sich dieses Land über mehrere Inseln erstreckt. Deshalb war es wichtig für die Nation, eine Einheit zu schaffen und sich gegen äußere Einflüsse abzuschirmen. Kriege dienten dazu, andere Länder von sich fernzuhalten und die Kollektivseele zu schützen.

Diese kraftvolle Kollektivseele ist in sich zerrissen durch eine starke Spaltung der Seelenalter. So leben in Japan viele sehr junge Seelen einerseits. Andererseits gibt es einige reife und darüber hinaus wenige, dafür besonders einflussreiche, alte Seelen. Dieser Seelenmix führt dazu, dass es innerhalb der Kollektivseele immer wieder zu Reibungen kommt und immer wieder um die Ausgestaltung des politischen Systems gerungen wird. Die sehr jungen Seelen Japans sehnen sich nach einer politisch starken Hand, die älteren wollen Demokratie und Freiheit.

Die Kollektivseele Japan und die Kollektivseele Deutschland sind wie Geschwisterseelen. Es gibt viele kulturelle Parallelen zwischen diesen beiden Ländern, die auf den ersten Blick für euch nicht offensichtlich sind, beispielsweise wird in beiden die Bedeutung von Religion geringer. Es formieren sich neue Kräfte, denen es darum geht, eine neue ethische Identität zu schaffen. Dennoch geht es auch darum, kulturelle Traditionen zu wahren, und zwar in einer Form, wie sie in der Zukunft für die Menschheit von Nutzen sein können.

Nehmen wir einmal ein Beispiel, das bei euch unter dem Begriff Zen-Meditation bekannt ist. Zen-Meditation ist eine Meditationsform, wie sie mittlerweile auch in eurem Land und in anderen westlichen Ländern praktiziert wird. Sie kann dabei helfen, Kontakt zu den seelischen Welten aufzunehmen, wenngleich dieser Kontakt den meisten Meditierenden unbewusst sein mag.[59] *Dies ist eine Form des kulturellen Austausches, die wir sehr befürworten.*

Was die wirtschaftlichen Bezüge zwischen diesen beiden Ländern anbelangt, so besteht hier schon länger ein reger Austausch. Beide Länder sind auf einem wirtschaftlichen Niveau, das diesen Austausch auf einer partnerschaftlichen Ebene ermöglicht und für beide Seiten reichlich Früchte hervorbringt. Dies bezeichnet ihr in

---

59 Entspannung, Stille und die Richtung der Aufmerksamkeit nach innen sind Voraussetzungen für den Kontakt zur eigenen Seele und in die seelischen Welten hinein.

der Sprache der Wirtschaft als Win-Win-Situation. Joint Ventures sind hier auf jeden Fall eine gute Idee. Wohingegen solche mit der Nation, die ihr 'China' nennt und zu der eure Wirtschaft ebenfalls sehr viele Bezüge hat, nicht angeraten sind. Hier sind sowohl die politischen als auch die wirtschaftlichen Systeme beider Länder auf einem sehr unterschiedlichen Niveau. Eine ebenbürtige Partnerschaft ist weniger gegeben. Eure Regierung in Deutschland ist also gut beraten, wenn sie weitere Bande zu Japan knüpft und auch im Bereich der Kultur mit diesem Land kooperiert. Gibt es dazu noch weiterführende Fragen?"

Marion: „Das japanische Kaiserreich war bis 1947 eine zum Teil an preußischem Vorbild angelehnte konstitutionelle Monarchie.[60] Möchtet ihr uns dazu noch etwas sagen?"

Die Quelle: „Das japanische Kaisertum und das Preußentum haben in der Tat ähnliche seelischen Wurzeln, die darin bestehen, dass es eine Art Rigidität in der Ausführung bestimmter Ideen gab - und in beiden Systemen noch heute gibt. Das Preußentum hatte zur Folge, dass euer Land eine gewisse strukturelle Ordnung erfahren hat, die bis heute in eurer Kollektivseele wirkt und die bis in die einzelnen seelischen Charaktere die Menschen geprägt hat. Das Kaisertum in Japan hatte und hat ähnliche Auswirkungen. Auch hier ging und geht es darum, Strukturen zu schaffen, die es den damaligen und auch heutigen, vor allem jungen Seelen ermöglichen, sich in

---

60 https://de.wikipedia.org/wiki/Japan (aufgerufen am 17.7.2021)

einem gesicherten, für sie nachvollziehbaren Rahmen zu bewegen und so ihr Potenzial in ihren irdischen Inkarnationen zu entfalten. Es ist nun der Zeitpunkt für Japan gekommen, die überkommene Hierarchie, die noch aus dem Kaisertum resultiert, der modernen Gesellschaftsform der Demokratie anzupassen beziehungsweise einen Weg zu finden, beide Formen zu vereinen.

Reifere und ältere Seelen lieben es, aus ihrem Erkenntnishorizont herauszutreten und andere Länder, andere Kulturen, andere Arten des Zusammenlebens kennenzulernen und zu erforschen. Und das seht ihr auch ganz besonders auf dem Gebiet der klassischen Musik. Es gibt sehr viele Japaner, die westliche Musik studieren und es darin zu Höchstleistungen bringen. Das ist ein Ausdruck ihrer Seelen, sich hier zu verwirklichen und sich neue seelische Qualitäten zu erschließen. Auch in der Architektur und in der bildenden Kunst machen sich viele japanische Seelen auf, um über ihren eigenen kulturellen Horizont hinauszuwachsen. Hier ist eine sehr starke seelische Strömung zu spüren, die wir sogar als eine Art Sog bezeichnen möchten. Seelen aus Ost und West möchten zusammenfinden, ja zusammenfließen, und so wird es in der Zukunft – speziell zwischen Deutschland und Japan – noch weitere Austauschmöglichkeiten auf privater und politischer Ebene geben."[61]

---

61 Eva Maria Pfeiffer: „Japan" (Audiodatei aus 2019)

Ruanda und Deutschland

Eva Maria: „Dann kommen wir zu dem Land Ruanda. Könnt ihr uns etwas zur Kollektivseele Ruanda sagen und zu der Frage, welche Verbindung diese zur deutschen Kollektivseele hat, denn Ruanda war ja über drei Jahrzehnte hinweg eine deutsche Kolonie."

Die Quelle: „Es gibt in beiden Ländern sehr dichte seelische Verknüpfungen zwischen Einzelseelen, weil Menschen in der Kolonialzeit von Deutschland aus nach Ruanda gingen, um dort eine Art von Verwaltung zu etablieren. Leider kam es zu Missverständnissen und Gewalttaten durch ein großes Nichtverstehen der Mentalität des anderen Volkes. Es kam zu einer Kollision, die in Gräuel- und Gewalttaten endete.

Es kam aber auch dazu, dass sich einzelne Menschen beider Völker einander angenähert und sich wunderbar verstanden haben. Die daraus resultierenden seelischen Impulse sind in das kollektive Bewusstsein beider Völker eingegangen. Die Frau hatte zum Beispiel in der damaligen Kultur in Ruanda eine weitaus angesehenere und machtvollere Stellung, als dies in Deutschland der Fall war. In dieser Hinsicht kam es sowohl zu einem gedanklichen als auch zu einem seelischen Austausch, der sich jedoch weder in euren Geschichtsbüchern noch in überlieferten offiziellen Dokumenten niedergeschlagen hat.

Dies mag für eure Ohren etwas ungewöhnlich, vielleicht auch absurd klingen, aber durch die Begegnung der Völker im Zeitalter des Kolonialismus hat sich nicht nur Negatives ereignet. Es gab durchaus auch Seelen, die befähigt und bereit waren, in eine Art interkulturellen Austausch zu gehen und von den Seelen des jeweilig anderen Landes zu lernen.

Was wir euch damit sagen wollen, ist, dass jegliche Art der Begegnung zwischen Völkern immer wieder einen Bewusstseinsschub auf dem Entwicklungsweg der gesamten Menschheit mit sich brachte und weiterhin mit sich bringt. Neben aller Kollision hat es auch das gegeben, was ihr einen zwischenmenschlichen, geistig inspirierenden und emotional förderlichen Austausch nennen würdet.

Eure Geschichtsschreibung macht Begegnungen zwischen Völkern hauptsächlich an dem fest, was wir von übergeordneter Warte aus als ‚Kollision' bezeichnen würden. Jedoch gab es auch das, was wir ‚Diffusion' nennen würden, denn die Völker haben sich auch biologisch vermischt und darüber hinaus ihre Gedanken, Haltungen und Überzeugungen miteinander geteilt. Sie sind einander begegnet, und zwar nicht ausschließlich mit Waffengewalt und in kriegerischer Auseinandersetzung.

Wir beschäftigen uns mit dem Beispiel Ruanda, weil es sich um ein Land handelt, mit dem Deutschland in enger Verbindung stand. Was wir Politikern als Perspektive an die Hand geben wollen, ist die Empfehlung, die ehemalige Kolonialbeziehung neu zu befruchten. Es könnte von großem Vorteil sein, sowohl wirtschaftliche als auch kulturelle und bildungspolitische Beziehungen zu Ruanda aufzunehmen, zu stärken und zu festigen."

Eva Maria: „Könnt ihr uns noch sagen, wie ihr die Kollektivseele Ruanda heute definieren würdet?"

Die Quelle: „Die Kollektivseele Ruanda ist auf einem Weg des ‚Fortschritts durch Verbindung', während die deutsche Kollektivseele ‚globale Verbindungen zu anderen Nationen' für sich prüfen muss."

Eva Maria: „Ruanda hat nur wenige Bodenschätze. Wie kann dort die wachsende Bevölkerung ernährt werden? Würde das auch hineinspielen in eure Idee des Austausches?"

Die Quelle: „Auf jeden Fall! Wir würden eure Politikerinnen und Politiker bitten, dem Volk in Ruanda eure Technologien anzubieten, denn die dortige Kollektivseele und die Menschen sind durchaus bereit, sich westlich-modernen Technologien zu öffnen. Es geht auch darum, dass sich eure beiden Völker noch einmal annähern, um sich auf andere Art und Weise zu begegnen als im Kolonialismus, wo ‚Schuld und Unschuld' die Begegnungen bestimmt haben."

Eva Maria: „Vielen Dank!"[62]

---

62 Eva Maria Pfeiffer: „Seelische Speicherung und Ruanda" (Audiodatei aus 2019)

Flucht und Migration nach Deutschland fordern seelische Entwicklung heraus

Fragen zur Migration hatten Eva Maria bereits vor unserem Kennenlernen beschäftigt. Grundsätzlich hatte sie auf den ersten Schutzsuchenden- und Migrationsstrom nach Deutschland Ende 2015 ähnlich reagiert wie ich, nämlich weniger euphorisch und stattdessen besorgt. Unsere Haltung dazu – als Frauen, die sich der Fragilität der praktizierten Gleichberechtigung von Mann und Frau durchaus bewusst sind – war von Vorsicht geprägt. Denn die Mehrzahl der Ankömmlinge stammte aus patriarchalen Kulturkreisen, in denen die sog. Familienehre vermutlich höher stand als das deutsche Grundgesetz.

Die Antworten der Quelle waren für uns zunächst überraschend, in ihrer Klarheit aber unmissverständlich und von der Logik der seelischen Welten her dann auch nachvollziehbar: Seelen wollen dazulernen, auch wenn dies aus menschlicher Sicht vorübergehend zu Unordnung und Chaos führen mag.

Eva Maria: „Wohin führt uns die sogenannte Flüchtlingswelle? Welche seelischen Ursachen hat diese Situation und wie sollen wir darauf reagieren?"

Die Quelle: „Diese Flüchtlingswelle hat ihre Ursache in den politischen Verhältnissen, wie sie beispielsweise in Syrien herrschen. Aus diesem Grund fühlen sich viele Seelen berufen, dieses Land zu verlassen und sich aufzumachen, um ihre Lebensgrundlage an anderer Stelle zu finden. Die zu euch kommenden Menschen rufen in verstärktem Maße euer Mitgefühl und eure Hilfsbereitschaft hervor. Dies ist von euren Seelen im westlichen Europa ersehnt und gewünscht worden. Die seelische Fähigkeit der Nächstenliebe war in euch doch sehr verkümmert, um nicht zu sagen verstummt. Viele Menschen hatten das Gefühl fast vergessen, wie es ist, sich in einer existenziellen Notsituation zu befinden. Und sie hatten es auch fast verlernt, anderen Menschen zu helfen, die in eine solche Situation geraten sind. Nächstenliebe ist jedoch ein Grundbedürfnis jeder Seele. Und so ist es auch ein Grundbedürfnis von Kollektivseelen, anderen zu helfen. Es ist also wie ein Sog, den die Kollektivseele Deutschland, aber auch andere europäische Kollektivseelen und auch die Kollektivseele USA, grundgelegt haben.

Das ist etwas, das die Menschen spüren, die nun aus anderen Ländern zu euch kommen. Es mag für euch so aussehen, als ob diese vielen Menschen rein materielle Gründe hätten und als ob die guten wirtschaftlichen Voraussetzungen und politischen Gegebenheiten – zum Beispiel in Deutschland – sie dazu bewegen würden, sich auf den Weg zu euch zu machen. Ihr könnt euch das Geschehen jedoch auch wie einen Sog der Seelen zueinander vorstellen, wie eine starke gegenseitige Anziehung.

Wenn ihr uns nun fragt, wie ihr in eurem Land, euren Städten und Gemeinden mit dieser Herausforderung umgehen sollt, so vermögen wir euch nichts anderes zu sagen, als dass ihr mit wachem Herzen und Verstand auf die geflüchteten Menschen zugehen und der Sehnsucht eurer Seelen, helfen zu wollen und Mitgefühl für sie zu zeigen, Raum geben solltet, solange eure Seelen dies wünschen und können. Es wird der Strom der euch zustrebenden Menschen erst dann versiegen, wenn diese seelische Aufgabe erfüllt ist.

Was eure Politiker und Politikerinnen betrifft, so sind auch sie herausgefordert, eingefahrene Gleise zu verlassen. Für sie wird es eine große Aufgabe sein, praktische Lösungen zu finden.

Das, was ihr ‚Flüchtlingskrise' nennt, ist wie ein Gewitter, das über euch herzog und euch, euer Land und Europa noch eine Weile beschäftigen wird. Dieses Gewitter verursachte - wie es Gewitter mit sich bringen - den einen oder anderen Schaden. Es hat manche Menschen überrollt oder wird sie noch überrollen. Doch dieses Gewitter brachte und bringt noch immer – bildlich gesprochen - auch einen köstlichen, reinigenden Regen, der Europa erfrischt. Es hat die Kraft, Neues beginnen zu lassen.

Wir, als kausale Quelle, geben euch nun Hilfestellungen. Da wir die derzeitigen Inkarnationen der Seelen von einer höheren Warte aus betrachten können, können wir euch auch sagen, dass dies ein aus unserer Sicht normaler Vorgang ist. Er hat immer wieder in der Geschichte der Menschheit stattgefunden und wird auch weiterhin immer wieder stattfinden. Die Geschichte der Menschheit ist davon geprägt, sich im Wechsel von Stagnation und Aufbruch zu vollziehen, und nur durch diesen Wechsel kann die Menschheit in ihrer Entwicklung voranschreiten. Das heißt: Nach einer Periode relativer Stabilität und Ruhe, wie ihr sie nennen würdet, braucht die menschliche Entwicklung wieder Aufbruch.

Es ist kein Rad ewig wiederkehrender Ereignisse, wie ihr das zu betrachten versucht seid. Im Gegenteil, die Entwicklung der Menschheit schreitet voran, und das Bewusstsein wächst stetig. In jeder Periode des Aufbruchs und der Veränderung oder der Stagnation und Ruhe weilt jeweils ein anderes Seelenpotenzial auf der Erde, das sich aus verschiedenen Seelenfamilien und Seelenreifen zusammensetzt, sodass jedes Mal – auch für die seelischen Welten – ein einzigartiger, neuer Wachstumsimpuls ausgelöst wird."[63]

Eva Maria: „Die Flüchtlingskrise spaltet aber Deutschland und seine Bevölkerung."

Die Quelle: „In der Tat stellt euch diese Flüchtlingsfrage vor sehr große Herausforderungen. Was die Seelenebene anbelangt, so haben wir dir bereits unsere Einschätzung gegeben. Was nun die politische Seite betrifft, so kommen auch hier seelische Qualitäten zum Tragen. Viele Seelen erkennen mehr und mehr, dass eine gemeinsame Lösung in der Europäischen Union die bessere und der heutigen Zeit und dem Entwicklungsstand der Seelen angemessenere Lösung wäre.

---

[63] Eva Maria Pfeiffer: „Wohin führt die Flüchtlingswelle. Migration" (Newsletter aus 2016)

Andererseits fühlen sich viele Seelen, vor allem junge Seelen und junge reife Seelen, zutiefst verunsichert durch die fremdartige Seelen-Energie, die euch durch Menschen aus den arabischen Gebieten Vorderasiens erreicht. Wann immer in der Geschichte der Menschheit dies der Fall war oder ist, ist Abwehr des Fremden die erste Reaktion. Doch wir sehen an den energetischen Feldern eurer Seelen, dass sich mehr und mehr Seelen ‚umfärben', das heißt, dass ihre Energie der Abwehr schwächer wird und sich eine neue, höher schwingende Energie des Mitgefühls und der Annahme des Fremden ausbreitet."

Eva Maria: „Es sieht aber politisch leider gar nicht danach aus!"

Die Quelle: „Politisch mag es in euren Augen momentan noch nicht danach aussehen, dass sich diese neue Energie durchsetzt. Doch wir sehen aus unserer Perspektive, dass sie stärker und stärker wird. Ihr könnt euch das vorstellen wie eine Landkarte Europas, auf der die Flächen dieser höheren Energie immer größer werden, während die niedrig schwingende Energie – von Fremdenhass und fremdenfeindlichen Attacken geprägt – punktuelle Energieflecken bilden. Es ist sehr schwer vermittelbar, was im seelischen Gefüge einer Nation oder eines Staatenverbundes entstehen kann, wenn eine solche Herausforderung politischer Art zu bewältigen ist. Doch glaubt uns, auch eine solche Situation aktiviert Seelen, energetisch zu erstarken und zu wachsen.

Was wir euch sagen können, ist, dass diese Flüchtlingskrise euch guttut in dem Sinne, dass viele Seelen, auch im politischen Bereich, stark gefordert sind, aufzuwachen aus ihrer Lethargie. Sie müssen nach neuen Wegen des menschlichen und politischen Miteinanders suchen. Es ist eine Art Wachrütteln aus der Erstarrung, die besonders in Deutschland herrscht.

Aufbruch und Veränderung bedeuten immer Reibung, aber auch Reifung für die Menschen und ihre Seelen, und das ist aus gesamt-seelischer Sicht zu begrüßen. Das bedeutet nun nicht, dass Aufruhr und Turbulenzen jeglicher Art generell gut für die Entwicklung der Menschheit sind. Aber manchmal sind sie notwendig und somit richtig. Die daraus resultierende Dynamik entspricht derzeit den Entwicklungsplänen der Seelen und der Erde.[65] *Ihr werdet noch so einige Turbulenzen in den Ländern erleben, die derzeit in der Europäischen Union vereint sind, aber auch in anderen Ländern der Welt.*

Versteht doch: Seelen möchten sich entwickeln! Die Menschheit will sich entwickeln. Dazu braucht es Veränderung in eurem individuellen Leben, in euren sozialen Gefügen und Staaten. Nur so können eure Seelen wachsen und neue Erkenntnisse hinzugewinnen. Wenn ihr also Angst habt vor allem, was euch fremd ist, dann ist das aufgrund eurer physischen Existenz zwar verständlich, aber für das Wachstum eurer Seelen nicht förderlich.

Eva Maria: „Was wird sich kulturell verändern?"

---

65 „Seelische Entwicklungspläne" und ihre Autorenschaft sind für uns noch ein Rätsel; wir haben uns vorgenommen, an anderer Stelle noch genauer nachzufragen.

Die Quelle: „*In eurem Fall – und wir meinen nun Deutschland – drohte eure Gesellschaft zu erstarren und in Normen und Regeln zu ersticken. Dies ist ein Zustand, der immer noch anhält und der euren Staat, eure Gesellschaft und eure Kultur immer noch prägt. Was nun geschieht durch die vielen Zuwanderer und Menschen aus anderen Kulturen, ist, dass diese Regeln und Normen zum Teil infrage gestellt werden, sei es durch Akte der Gewalt oder nur durch die Tatsache, dass sich die Menschen aus anderen Kulturkreisen einfach ein wenig anders benehmen als ihr. Dies ist jedoch kein Grund, um die Beständigkeit eurer Kultur zu fürchten. Eure Kultur wird sich wandeln, und das muss sie auch. Denn das stark genormte und geregelte Leben in Deutschland hat dazu geführt, dass viele Menschen ihre Eigenständigkeit und ihr selbstständiges Denken verloren haben und ausgebremst wurden. Wenn es für alles eine Norm, eine Regel, ein Gesetz gibt, dann ist für die menschliche Freiheit wenig Platz.*

Viele Menschen fühlen sich in eurem Land eingeengt – auch wenn sie dies so öffentlich nicht äußern – und sie würden ein wenig mehr Freiheit und Selbstverantwortung begrüßen, weil es ihrer seelischen Entwicklung guttäte. Wir meinen mit den Einengungen nicht jene Regeln und Gesetze, die notwendig sind, um die innere und äußere Sicherheit des Landes zu gewährleisten. Wir meinen mit den Begrenzungen jedoch die vielen Regeln, die euer öffentliches Leben bestimmen und die vielen Verwaltungs-Vorschriften, die es zu beachten gibt. Es ist nun so, dass auf die politischen Herausforderungen schnell und flexibel reagiert werden muss. Und ihr werdet noch bemerken, wie schwerfällig in dieser Hinsicht eure politischen Gremien, Institutionen, Behörden und Apparate sind."[66]

Eva Maria: „Ihr seht also die heutige Situation als Chance?"

Die Quelle: „Wir sehen sie als Möglichkeit eines Wandels, der für eure Gesellschaft durchaus förderlich wäre. Nach Jahren der Stabilität und Stagnation ist es notwendig, neue Impulse zu setzen und das Land Deutschland neu zu denken. Wo sind die Wurzeln seiner Kultur? Was kann, was muss verändert werden? Dieser Prozess vollzieht sich in der Weise ‚zwei Schritte vor, einer zurück' oder auch ‚ein Schritt zurück und dann zwei Schritte vor'. Dass dieser Prozess schmerzhaft ist in einigen Bereichen, liegt auf der Hand."

Eva Maria: „Was könnt ihr den Menschen sagen, die Angst haben, ihre kulturelle Identität zu verlieren?"

Die Quelle: „Fürchtet euch nicht!"

Eva Maria: „Ihr klingt wie Jesus!"

Die Quelle: „Es ist ein jesuanischer Satz, und wir möchten ihn hier benutzen, um euch noch einmal zu verdeutlichen, dass Menschen und Gesellschaften dem stetigen Wandel unterworfen sind. Nach Stagnation kommt Aufbruch, auf Ordnung folgt Chaos. Es ist normal, was hier geschieht, wenngleich dies für euch, die ihr diesen Prozess aus der Perspektive und mit dem Zeitverständ-

---

[66] Eva Maria Pfeiffer: „Ich fühle mich manchmal fremd. Migration" (Newsletter aus 2016)

nis einer einzigen Inkarnation seht, auch beängstigend sein mag."[67]

Dass in Deutschland einige Strukturen zu festgezurrt waren und manche Menschen in ihrem Eingezwängt-Sein in diese Strukturen ihre Potenziale nicht entfalten konnten, war für uns gut nachvollziehbar. Zu viele Bestimmungen und zu viel Bürokratie gab es an allen Ecken und Enden, und genau das band sehr viel Energie. Wie viele Lehrerinnen und Lehrer kannten wir, die vor allem aufgrund der überbordenden Schul-Bürokratie durch psychische Überforderung aus dem eng getakteten Bildungssystem ausgeschieden waren. Dies galt bedauerlicherweise auch für solche, die engagierte Pädagoginnen und Pädagogen gewesen waren. Auch der berufliche Mittelstand in Deutschland klagte seit Langem über zu viel Bürokratie. Es gäbe zwar seit einigen Jahren die One-In-One-Out-Regel – neue Belastungen dürften also nur in dem Umfang eingeführt werden, wie bisherige Belastungen abgebaut wurden –, die Realität sähe aber anders aus, hieß es in einem Zeitungsbericht zum schleppenden Bürokratieabbau.[68]

Im deutschen Justizsystem rieb sehr viel Sand im Getriebe. Viele Prozesse dauerten endlos lange und

---

[67] Eva Maria Pfeiffer: „Der Sturm der Migration" (Newsletter aus 2018)
[68] Vgl. Sabine Herold in: https://presse-augsburg.de/mittelstand-kritisiert-schleppenden-buerokratieabbau/498233/ (Aufgerufen am 12.10.2019) oder Johannes Pennekamp: „Gefangen im kafkaesken Staat" in: Frankfurter Allgemeine Sonntagszeitung, 3. Oktober 2021, Nr. 39, Wirtschaft, S. 18

viele Staatsanwaltschaften, Richterinnen und Richter wünschten sich entzerrte Prozessordnungen. Einwanderungswillige Facharbeiterinnen und Facharbeiter, die Deutschland dringend brauchte, scheiterten oftmals an einem Wust von Bestimmungen und Formularen. Keine Bürgerin, kein Bürger verstand mehr die Steuergesetzgebung! Selbst Steuerexperten und Finanzbeamtinnen rauften sich die Haare. Selbst eine normale Stromrechnung zu verstehen, schien inzwischen ein Ding der Unmöglichkeit. Wichtige Großprojekte – auch im Sinne der notwendigen Energiewende – benötigten bis zu 20 Jahre Planungszeit. Verkrustete Strukturen gab es allerorten; da war eine schwerfällig anlaufende Asylpolitik nur eines von vielen verrosteten Rädchen im gesamten Schepperkasten Deutschland.

Neben dem „Fürchtet euch nicht!" der Quelle bewegte uns ihre Aussage besonders, dass Mitgefühl eine höhere seelische Energie besitzt als Angst vor dem Fremden. Wie faszinierend!

An anderer Stelle hatte Eva Maria die Quelle einmal gefragt: „Können Seelen leuchten?" Die Antwort lautete: *„Wenn ihr Seelen sehen könntet wie wir, könntet ihr erkennen, dass sie in recht unterschiedlichen Farben und in einer unterschiedlichen Kraft und Helligkeit leuchten. Das hat damit zu tun, welche Aufgabe die Seele hat, welche Aufgabe die Seelenfamilie hat und mit welcher Kraft, Hingabe und Fähigkeit die Seele ihre Aufgaben in den Inkarnationen bewältigte. Und so bekommt jede Seele ihre ureigene Färbung. Wenn ihr sie sehen* *könntet, so sähet ihr einen Himmel von bunten Seelen in den unterschiedlichsten Farben."*[69]

Das derzeitige Finanzsystem wird dienlicheren Systemen weichen

Die Finanzkrise mit Bankenrettung vor einigen Jahren, das für uns als Finanz-Laien nicht zu durchschauende und vom deutschen Parlament weitestgehend abgekoppelte finanzielle Gebaren der EU und der EZB mit hoher Schuldenbildung sowie die große Armut in weiten Teilen der Welt führten dazu, dass Eva Maria und ich inzwischen dem gesamten Finanzsystem kritisch gegenüberstanden.

Eva Maria: „Brauchen wir ein anderes Finanzsystem?"

Die Quelle: „Was euer Finanzsystem anbelangt, so müssen wir euch sagen, dass es nicht mehr lange in dieser Form weiterbestehen wird. Denn es hat sich gezeigt, dass es nicht allen Menschen dienlich ist und nicht zur ganzheitlichen menschlichen Entwicklung und zur Anhebung des Bewusstseins beiträgt. Und so ist es unser Anliegen, möglichst viele Menschen dazu zu inspirieren, dieses Finanzsystem zu ändern. Dahin-

---

[69] Eva Maria Pfeiffer: „Die Farben der Seelen" (Aufzeichnung aus 2015)

gehend, dass es dem Gemeinwohl und allen Menschen zugutekommt und auch dabei hilft, den Bewusstseinswandel voranzutreiben. Wir vermögen noch nicht zu sagen, wie genau das aussehen wird, aber wir vermögen zu sagen, dass viele Seelen bereits daran arbeiten, dieses System zu ändern und zu revolutionieren.

Es wird ein Finanzsystem kommen, das sich auf mehrere, kleinere Einheiten verteilt und für das mehr Menschen als jetzt Verantwortung tragen. Es wird ein System sein, bei dem Großbanken keine so große Rolle mehr spielen und auch keinen so starken Einfluss mehr ausüben. Dazu haben Menschen bereits viele Gedanken und Impulse in die Welt gesetzt, und wir hoffen und arbeiten daran, diese Impulse zu verstärken und weiterzugeben. Das künftige Finanzsystem wird ein System sein, das auf einer Art genossenschaftlicher Basis gründen wird und so einfacher organisiert, gesteuert und kontrolliert werden kann.

Auch wird es so sein, dass sich im internationalen Austausch von Währungen einiges ändern und auch die Börse einen anderen Charakter bekommen wird. Es gibt bereits Kräfte, die darauf hinarbeiten, die jedoch noch sehr im Verborgenen sind und die sich noch nicht an die Öffentlichkeit gewagt haben. Wir vermögen jedoch zu sagen, dass es diese Kräfte, diese Denker, diese Menschen bereits gibt."

Eva Maria Pfeiffer: „Wird dieser Wechsel gefährlich für uns werden?"

Die Quelle: „Dieser Wechsel in das neue Finanzsystem wird euch in gewissem Maße schon erschüttern, jedoch wird es euch nicht zugrunde richten. Es wird eine Art fließenden Übergang geben, der jedoch für den einen oder anderen zu finanziellen Verlusten führen kann. Wir vermögen dir zu sagen, dass du diesen Wechsel mit hoher Wahrscheinlichkeit noch erleben wirst.

Großbanken sind eine Art Moloch, der alles Kapital verschluckt, welches von Menschen erarbeitet wurde, und zwar rücksichtslos. Dieser Moloch ist in seiner Struktur instabil. Deshalb möchten wir euch bitten, den Großbanken nicht mehr zu vertrauen, sondern eure finanziellen Anliegen kleineren und stabileren Instituten mit einer Ausrichtung auf Gesellschaft und Umwelt anzutragen. Das wäre ein erster Schritt, den ihr im Kleinen tun könnt, um den Beginn der Änderung eures Finanzsystems einzuläuten.

Es wird ein radikaler Wandel eintreten, dessen erste Anzeichen darin bestehen werden, solche Finanzaktionen aufzudecken, die dazu führen, dass sich einzelne Menschen auf Kosten vieler anderer bereichern, oder die eure gesetzlichen und sozialen Systeme unterlaufen. Ihr werdet euch wundern, was in dieser Hinsicht in den nächsten Jahren alles veröffentlicht werden wird."

Eva Maria Pfeiffer: „Wird es zu einem Börsencrash kommen?"

Die Quelle: „Das, was ihr ‚Börsencrash' nennt, ist nichts anderes als eine Art Herzinfarkt, den euer Finanzsystem schon mehrfach verkraftet hat, wenn auch mit schwerwiegenden Folgen. Was geschehen muss, damit das System prinzipiell verändert und grundlegend erneuert wird, geht weit über einen Börsencrash hinaus.

Es gibt drei große Investoren auf der Erde, die sich derzeit an neue Projekte wagen und die bereit sind, einen großen Teil ihres Kapitals zu riskieren. Sie entstammen alle drei einer Seelenfamilie, die es sich zur Aufgabe gemacht hat, mittels dieser Energie, die ihr Geld oder Finanzen nennt, gesellschaftlichen Wandel herbeizuführen. Diese drei Seelen agieren derzeit noch nicht in aller Öffentlichkeit. Jedoch werden wir euch zu gegebener Zeit darauf aufmerksam machen, wenn sich euch ein entsprechendes Projekt durch die Medien erkennbar machen wird."[70]

Eva Maria und ich warteten zu diesem Zeitpunkt auf weitere Neuigkeiten zu den vermutlichen Cum-Ex-Betrügereien, die seit über einem Jahrzehnt unter den Augen der Regierenden stattgefunden hatten und nun die Staatsanwaltschaft beschäftigten, endlich! Finanzberater hatten nach einer Idee von Hanno Berger ausgetüftelt, wie auf Wertpapiergeschäfte anstatt einmal gleich mehrmals eine Steuerrückzahlung erfolgen konnte. Dies mit dem Verweis auf eine Gesetzeslücke, die dies nicht explizit verbot. Das sollte sowohl ihnen als auch vermögenden und skrupellosen Kunden europaweit in Milliardenhöhe zugutegekommen sein.

Allein den Verweis auf eine angebliche Gesetzeslücke empfanden wir als dreiste Zumutung. Er unterstellte die selbstverschuldete Beihilfe zum legalen Diebstahl, wenn ein Staat nicht auf alles schriftlich hinwies, was und bei welcher Gelegen-

---

[70] Eva Maria Pfeiffer: „Biotechnologie und Finanzen" (Audiodatei aus 2019)

heit von ihm nicht gestohlen werden durfte. Am besten noch per Aufkleber mit warnender Hand? Hatten die vermutlichen Täter auch Aufkleber auf ihren Luxuskarossen, die mit Nachdruck darauf hinwiesen, dass diese nicht für den Diebstahl freigegeben waren, auch nicht im Dunkeln?

Wir waren nicht sehr überrascht, als wir hörten, dass der erste Prozesstag begonnen hatte. Das Ausmaß dieses „White-collar-crime"-Pseudogeniestreichs wurde immer größer, und die Aufklärung schlug immer höhere Wellen. Dann wurde Hanno Berger in der Schweiz verhaftet. Na also, es ging doch! Es ereigneten sich im Laufe der Zeit auch noch die Aufdeckung des Wirecard-Skandals und der Niedergang der Greensill Bank. In der Schweiz hatte sich die Credit Suisse mit dem Archegos-Inhaber Bill Hwang, welcher für gewagte Börsenwetten von der Großbank Milliardenkredite erhalten hatte, verzockt.[71] Ganz davon abgesehen, dass sich auch in den weniger schicken Niederungen der Kriminalität einiges tat: Kriminalisten hatten die verschlüsselten Mobiltelefone des Providers EncroChat geknackt und auf diese Weise viele vermutliche Straftäter gefasst.[72] Die Sonne brachte es an den Tag.

„Es wird besser" lautete die Überschrift eines Artikels in der Frankfurter Allgemeine Zeitung.

---

71 Vgl. FAZ: „Risikokontrolle der Credit Suisse hat ‚fundamental versagt'. Untersuchungsbericht zu Archegos deckt Mängel auf." Finanzen S. 29 (vom 30. 7. 2021)
72 Vgl. https://de.wikipedia.org/wiki/EncroChat (aufgerufen am 4. 8. 2021)

Darin ging es um den schwedischen Arzt und Autor Hans Rosling, der kurz vor seinem Tod ein Buch geschrieben hatte, in dem er die These vorlegte, dass sich die Lebensqualität der Menschen ständig verbesserte, wobei dies leider in der Flut der Negativschlagzeilen häufig unterginge.[73] Diese gute Nachricht passte zu dem, was durch die Quelle zum Finanzsystem offenbart worden war. Es gab eine Entwicklung zum Besseren, wenn auch kaum merklich. Kurz danach erschien folgender Artikel im Handelsblatt online:

„Apple und Amazon wollen sich vom Shareholder-Mantra verabschieden – In einem gemeinsamen Schreiben rufen rund 200 Unternehmenschefs zum Umdenken auf, unter ihnen Jeff Bezos. Sie fordern einen gerechteren Kapitalismus. (…) Der Verband der Unternehmenslenker ‚Business Round Table', dem JP-Morgan-Chef Jamie Dimon vorsteht, will den Shareholder Value nicht mehr an die erste Stelle setzen. Die Profitmaximierung für die Aktionäre solle nicht mehr das wichtigste Ziel für die Unternehmen sein. Stattdessen sollten alle sogenannten Stakeholder – von Mitarbeitern über Kunden und Zulieferer bis hin zu den lokalen Gemeinden – beachtet werden. Mit dem jüngsten Schreiben hat sich eine neue, mächtige Stimme in die Diskussion um die Lage des Kapitalismus eingemischt. Bereits zuvor kritisierten einzelne Unternehmenschefs und Finanzinvestoren wie Ray Dalio vom

---

73 Philipp Krohn: „Es wird besser", in: FAZ, „Menschen und Wirtschaft" S. 16 (vom 16. 8. 2019)

Hedgefonds Bridgewater und der Blackrock-Chef Larry Fink die Auswüchse des Kapitalismus und riefen die Unternehmen auf, mehr Verantwortung zu übernehmen. (…) Für den Verband ist die neue Erklärung über den Zweck eines Unternehmens eine Revolution. Sie steht im krassen Gegensatz zu der letzten entsprechenden Erklärung von 1997, in der noch der Gewinn für die Aktionäre klar als erstes Ziel genannt wurde. (…) Außer der starken Fokussierung auf den Profit für Aktionäre stehen auch die hohen Bezahlungen der CEOs und die wachsende Kluft zwischen Armen und Reichen in der Kritik. Deshalb wird auch über höhere Steuern für Superreiche diskutiert. Dafür haben sich in diesem Jahr unter anderen der Investor-Guru Warren Buffett, der Microsoft-Gründer Bill Gates und die Disney-Erbin Abigail Disney ausgesprochen."[74]

Ob es sich bei diesen Dreien um die von der Quelle erwähnten Reform-anstoßenden drei Seelen einer Seelenfamilie handelte, vergaßen wir leider zu fragen. Offensichtlich war: Nicht nur im Finanzsystem krachte es im Gebälk. Offenbar wurde nun auch genauer zwischen Marktwirtschaft und Raubtier-Kapitalismus unterschieden, sogar von solchen, die am meisten von letzterem profitierten. Die bessere Zukunft schien also auch hier bereits begonnen zu haben.

---

74 vgl. Katharina Kort in: https://www.handelsblatt.com/finanzen/maerkte/boerse-inside/us-topmanager-und-amazon-wollen.sich-vom-shareholder-matra-verabschieden (aufgerufen am 20.08.2019)

V. Teil

Kosmos und ansteigendes Bewusstsein beeinflussen sich wechselseitig

„Seelen, wenn sie sich zu einer bestimmten Zeit inkarnieren, tun dies ganz bewusst, um an den Erfahrungen dieser Zeit teilzuhaben und um daraus Wissen und Erkenntnis auf dem Weg zur allumfassenden Liebe zu sammeln."
Die Quelle

Der Kosmos = Energie + Materie + Information

Eva Maria und ich fragten uns, ob es außer uns noch mehr Menschen gab, die sich mit Seele und Bewusstsein und dem, wie das alles mit dem Kosmos zusammenhing, beschäftigten. Mir fiel morgens beim Surfen im Internet ein Artikel von Miroslav Stimac auf: „Woher kommt das Leben, das Universum und der ganze Rest?" Ich überflog die Absätze und landete im letzten Teil:

„Lebensformen haben eine viel höhere Informationsdichte als die anorganische Materie, die uns umgibt. Diese hohe Informationsdichte findet man in der komplexen Struktur von Proteinen und Zellen, in den Formen (der Morphologie) von Lebensformen, in den komplexen Stoffwechselprozessen und deren Regelwerken sowie in den Speichermedien DNA und RNA. Lebewesen bekämpfen in ihrem Inneren die Entropie, indem sie Energie aufwenden und kontrolliert Stoffwechselprozesse mit der Außenwelt betreiben.

Spinnt man diese Idee weiter, so kommt man zu der interessanten Folgerung: Wenn Informationen ein Fundament des Universums bilden und Lebensformen hochverdichtete Informationssysteme darstellen, dann könnte es auch sein, dass es ein Naturgesetz oder gar eine Intelligenz im Universum selbst gibt, welches oder welche die Entstehung von Leben begünstigt, weil das Universum aus irgendeinem Grund das Ziel haben könnte, Informationen und Systeme mit hoher Informationsdichte zu erschaffen."[75]

Wie wunderbar, ja genau! Wenn von einer Intelligenz und einer sich vergrößernden Informationsdichte im Kosmos, an der der Mensch teilhat, nicht nur die Quelle sprach, sondern darüber hinaus nun auch Astrowissenschaftler und Informatiker Hypothesen entwickelten, dann waren wir im Zeitalter des neuen, erhöhten Bewusstseins tatsächlich angekommen!

---

75 Vgl. Miroslav Stimac in: https://www.golem.de/news/astrobiologie-woher-kommen-das-leben-das-universum-und-der-ganze-rest-1909-143279-7.html (aufgerufen am 17.7.2021)

Stimac stellte die Frage, wo sich diese Intelligenz oder dieses Bewusstsein befinde, und gab auch eine Antwort darauf: „Denkbar wäre (...), dass das Gehirn lediglich eine Empfangs-, Schalt- und Sendeeinheit ist. Das Bewusstsein könnte außerhalb des Körpers existieren und das Gehirn als ein Gerät für die Datenverarbeitung nutzen." Wir konnten nur bestätigen, dass das menschliche Bewusstsein (auch) außerhalb des Körpers existiert, mit dem Bewusstsein des All-Ganzen verbunden ist bzw. dazugehört und mit diesem sogar eine eigene Energieform darstellt! Das Gehirn dabei als eine „Empfangs-, Schalt- und Sendeeinheit" zu betrachten, war eine interessante Sichtweise. Die Quelle hatte uns einmal erklärt: *„Gehirne verfügen über Rezeptoren, mit denen sie feinste Schwingungen aus dem Kosmos aufzunehmen vermögen."* Die alltäglich am meisten genutzten Kompetenzen des menschlichen Gehirns liegen laut Quelle vor allen Dingen im vernetzten Denken, der Abstraktion und der Versprachlichung.

Anders ausgedrückt: Die Seele produziert im Gehirn Geist. Geist gehört in Form von Gedanken und Wissen zu dem Bewusstsein, welches die Seele speichert. Geist – dies erfuhren wir an anderer Stelle – sammelt sich zudem losgelöst von Gehirn und Seele wie eine Blase um die Erde, was den Umstand erklärt, dass wissenschaftliche Erfindungen – sogar auch musikalische – manchmal fast zeitgleich von unterschiedlichen Menschen gemacht werden, ohne darüber kommuniziert zu haben. Der große Denker Gottfried Wilhelm Leibniz bspw. besaß besonders feine Antennen sowohl in die seelischen

Welten als auch in die „geistige Welt" hinein. Sein wissenschaftliches Erbe ist seit seinem Tod 1716 bis heute noch nicht vollumfänglich ausgewertet.

Das Gehirn ist sozusagen die „Hardware" für eine seelisch-kosmische „Software", die damit unendlich viele Informationen produziert und in die energetische Bewusstheit des Kosmos einspeist – sie damit sozusagen „erhöht".

Miroslav Stimac dazu weiter: „Dennoch bleibt die Frage unbeantwortet, wieso das Universum Informationen und Leben erschafft. (…) (Es) wäre möglich, dass das Universum eine Art Lebensform oder Intelligenz ist und wir Bestandteile dieses Wesens sind." Volltreffer! So ähnlich hatte die Quelle dies auch schon einmal erklärt. *„Seelen sind Abspaltungen der göttlichen Kraft, die das All-Ganze in den Kosmos schüttet oder aussendet, um das Energieniveau zu erhöhen."*

Das Anheben des Bewusstseins konnte zudem auch als ein Akt der Liebe des All-Ganzen betrachtet werden, denn je höher das Bewusstsein des Menschen stieg, desto weniger unbewusstes Schuldigwerden im Sinne von „unschuldig Schuldigwerden" war und ist zu erwarten. Die Sehnsucht danach, als Menschen allmählich das Vermögen zu besitzen, zu wissen, was wir tun, war bestimmt nicht nur bei uns sehr groß. So glaubensfern viele Gespräche mit der Quelle auch verlaufen waren, die Ahnung lautete:

Mensch = ein wenig Bewusstsein, ein wenig Liebe

Seelenfamilie = dichteres Bewusstsein, mehr Liebe

Kausale Quelle = noch mehr verdichtetes Bewusstsein, noch mehr Liebe

Kosmisches All-Ganzes = vollkommene Bewusstheit, vollkommene Liebe

Eva Maria formulierte unsere Überlegungen zu einer übergeordneten Frage: „Welche Verbindung besteht zwischen Kosmologie und Spiritualität?"

Die Quelle: „Kosmologie und Spiritualität sind in der Zukunft nicht mehr voneinander zu trennen, sondern sie werden mehr und mehr zusammenwachsen. Und das ist es auch, was wir euch immer wieder mit dem vermitteln wollen, was wir die ‚Anhebung des Bewusstseins' nennen."[76]

Mir ging es immer noch so, dass ich staunte, wenn ich die Quelle durch Eva Marias Stimme solche weitreichenden Aussagen treffen hörte. Doch hatten wir bereits geahnt, dass ihre Durchsagen auch noch darauf hinauslaufen würden: Kosmologie und Spiritualität sind letztendlich eins, und dies wird zunehmend auch so von uns Menschen begriffen werden können! Wir Menschen würden uns also in den unendlichen Weiten des Weltalls eines Tages geborgen fühlen? Im Kontakt mit den seelischen Welten war dies bereits jetzt schon zu ahnen.

---

[76] Eva Maria Pfeiffer: „Stimac, Licht, Intuition" (Audiodatei aus 2019)

Der Glaube an Gott ist keine Bedingung: Miroslav Stimac und Stephen Hawking

Bei uns führte es zu einem gemeinsamen Begeisterungsschub, auf Miroslav Stimac getroffen zu sein. Er hatte einen Denkanstoß dazu gegeben, das All, auch mit den Augen der Wissenschaften, nicht nur als aus Energie und Materie bestehend zu sehen: Es gehörte auch noch die Information dazu.

Kosmos = Energie + Materie + Information

Das war es! Da ging es weiter! Vielleicht sollte man an dieser Stelle bereits versuchsweise in einer Formel festhalten, dass sich die diesbezüglichen Erkenntnisse ja nicht nur bei uns, durch die Quelle, sondern auch bei Miroslav Stimac bereits fortsetzten:

Planet Erde = Energie + Materie + Information^x

Damit wurde deutlich, dass die Informationsfülle der Menschheit kontinuierlich bis exponentiell zunahm und auch weiterhin zunehmen würde - und sich letztendlich auch auf den Kosmos auswirken musste. Obwohl wir uns vorgenommen hatten, uns mit seelischen Persönlichkeitsprofilen, wie sie Eva Maria bei der Quelle abfragen konnte, im Buch zurückzuhalten – schließlich wollten wir daraus kein seelisches „Who is Who" machen –, fragten wir nach.

Eva Maria: „Wir haben den Wissenschaftler Miroslav Stimac entdeckt. Er ist Informatiker, Wirtschaftswissenschaftler und Astronom. Was könnt und dürft ihr uns zu ihm sagen?"

Die Quelle: „Wir freuen uns sehr, dass ihr bei euren Recherchen auf Miroslav Stimac gestoßen seid. Er verkörpert einen Typus von Wissenschaftler, der sich bereits in dem Bereich bewegt, in dem es darum geht, die beiden geistigen Strömungen - wir wollen sie einmal ‚Spiritualität' und ‚Wissenschaft' nennen - zu vereinen. Schon in jungen Jahren erwog und beschloss er, zunächst einmal einen eher wissenschaftlichen Weg einzuschlagen, um den Phänomenen des Bewusstseins auf die Spur zu kommen. Auch ist er ein Beispiel für jene Menschen mit erweiterter Gehirnkapazität, von denen wir euch immer wieder berichten. Er verfügt über eine sehr hohe Intelligenz und begnügt sich nicht damit, bereits vorhandene Erkenntnisse in der Wissenschaft zu akzeptieren, sondern wagt sich auf völlig neues Terrain. Seine Seele hat eine Reife erlangt, die wir als ‚alt' bezeichnen würden. Gleichzeitig spielt auch seine Seelenaufgabe eine Rolle, denn seine Seelenfamilie hat es sich vorgenommen, unterschiedliche Denkweisen zu vereinen.

Aus diesem Grund ist er sozusagen eine Kapazität, das heißt, er verfügt über Gaben, die er für die Erfüllung dieser Aufgabe braucht. Er geht einerseits der Aufgabe seiner Seelenfamilie nach und bekommt dadurch umfangreiche seelische Hilfestellungen, andererseits besitzt er ein besonderes Erbgut. Er ist bereits ein Beispiel für solche Menschen, deren Gehirnkapazität größer angelegt ist als im Normalfall bis etwa Ende des 20. Jahrhunderts."[77]

Es war gut zu wissen, dass wir uns nicht darin getäuscht hatten, eine Art Pionier unseres Anliegens im Bereich der Wissenschaften entdeckt zu haben. Die Quelle bestätigte dies! Allerdings sahen wir auch, dass der Weg auf den Spuren des Bewusstseins noch nicht automatisch bedeuten musste, Medialität anzuerkennen oder seelische Quellen. Bis sich Wissenschaftlerinnen und Wissenschaftler für dies alles interessieren mochten, würde noch einige Zeit vergehen, vermuteten wir.

Eva Maria hatte sich zuvor mit Stephen Hawking beschäftigt und die Quelle nach ihm befragt, der zu dem Schluss gekommen war, dass es keinen Gott geben könnte im Weltall, weil dieses unendlich wäre.

Die Quelle: „Bei dieser Ansicht, die Stephen Hawking vertreten hat, können wir nur schmunzeln. Es ist in der Tat eine interessante Schlussfolgerung, zu der dieser kluge Kopf gekommen ist. Doch was ist darauf zu entgegnen? Wir können nur sagen, dass es aus unserer Sicht eine Kraft geben muss – die wir das All-Ganze nennen –, denn sie hat uns beauftragt, die Welten der Menschen und andere Welten zu erkunden. Auch wir wären nichts ohne sie, denn wir kommen aus ihr und werden zu ihr zurückkehren.

Dennoch können wir die Aussage, dass es keinen Gott

---
77 ebenda

geben kann, aus der Sicht des Physikers nachvollziehen. Denn seine rationale Weltsicht besteht sozusagen aus abstrakten Formeln und Gleichungen, und darin hat Gott keinen Platz. Stephen Hawking hat Erkenntnisse aus der Kraft des Verstandes gezogen und ist nicht in die Bereiche vorgedrungen, die sich der Rationalität entziehen. Und so hat der Mensch Stephen Hawking seine – wir wollen es einmal so sagen - negative Gotteserkenntnis seinem abstrakten Weltverständnis untergeordnet.

Gott oder das ‚All-Ganze', wie wir es nennen, ist eine Kraft, die unabhängig vom Gebären und Vergehen des Kosmos existiert und die mehr in die kosmischen Abläufe eingreift, als ihr es euch vielleicht vorstellen könnt. Es ist eine Kraft, die in sich und die durch sich alles gebiert und durch deren Wollen und Wissen auch wir geleitet und geführt werden.

Was die menschlichen Inkarnationen betrifft, so besteht keine Notwendigkeit, einen Gott anzuerkennen oder, wie ihr es nennt, ‚gläubig' zu sein, um den seelischen Aufgaben gerecht zu werden. Seelische Erkenntnis wird auch jenseits dessen erlangt, was ihr ‚Religion' nennt. Seelische Erkenntnis ist immer da, und sie bedarf nicht notwendig der Religion.

Um zu Stephen Hawking zurückzukommen: Er hat sich dem Kosmos auf intellektuellem Wege genähert und dabei das Fühlen und Spüren, die Intuition und die Kraft des Unterbewusstseins beiseitegeschoben. Was nun sein Leben als überwiegend schwer erkrankter Mensch betrifft, so hat er die enormen physischen Herausforderungen aus seinem überaus starken Geist heraus und durch seine überragende Intelligenz gemeistert. Für seine Seele hat sich alles erfüllt in dieser Inkarnation.

Bei ihm könnt ihr auch sehen, dass körperliches Leid auf unterschiedliche Weise bewältigt werden kann. Andere mögen Trost in einer Religion suchen und in die rettenden Arme eines Gottes flüchten. Doch die Seele, die in diesem Ausnahmephysiker ruhte, hat es vorgezogen, sich der Kraft des Geistes unterzuordnen. Denn es war ihr Auftrag, den Kosmos und die Wahrheit über die Schöpfung den Menschen auf diese Weise näherzubringen.

Für uns, aus den seelischen Welten, gibt es hier kein Entweder-oder, sondern ein Sowohl-als-auch. Es gibt viele Wege zur seelischen Erkenntnis. Sie sind so facettenreich, wie es Aufgaben in den seelischen Welten gibt, und sie sind so zahlreich, wie es beseelte Menschen gibt."[78]

---

78 Eva Maria Pfeiffer: „Hawking" (Newsletter aus 2015)

Was ist „mediale Wissenschaftsberatung"?

Nun hatten Eva Maria und ich eine gute Wegstrecke miteinander zurückgelegt, da geschah urplötzlich das Überraschende: Sie startete mit medialen Wissenschaftsberatungen! Den ersten Kontakt hatte die Leiterin unserer Seelen-Gruppe vermittelt. Vorsichtig tastete Eva Maria sich an dieses neue Aufgabengebiet heran.

Wir vermuteten bereits, warum diese Beratungen besonders wichtig werden könnten. Kein Wissenschaftler konnte ja ahnen, dass sich das Bewusstsein allgemein anhob und damit allmähliche Veränderungen der Materie einhergingen, die wiederum massive Auswirkungen auf die Forschung haben würden. Da konnte ein wenig Unterstützung aus den seelischen Welten tatsächlich nicht schaden. Über diese subtile Veränderung der Materie trauten wir uns am wenigsten zu sprechen. Das alles schien so undenkbar!

Eva Maria erhielt eine tröstliche Botschaft zu ihrem doch recht ungewöhnlichen Weg:

Die Quelle: „Es wird so sein, dass sich immer mehr Menschen den kosmischen Kräften zu öffnen vermögen und dass sie immer mehr bereit sein werden, die Durchsagen kosmischer Kräfte anderen mitzuteilen. Und so vermögen wir dir jetzt schon zu sagen, dass es auch dir gelingen wird, die Durchsagen, die wir dir bereits ge-

geben haben, die wir dir nun geben und die wir dir in der Zukunft noch geben werden, einem breiteren Publikum zu eröffnen. Denn es ist in unserem Interesse, dass unsere Durchsagen bei möglichst vielen Menschen ankommen, deren Bewusstsein fortgeschritten ist und deren Ohren geöffnet sind. Und wir hoffen, dass diese Menschen diese seelischen Erkenntnisse in ihr Bewusstsein zu integrieren vermögen.

So möchten wir dich bitten, weiter diesen Kontakt zu pflegen und nicht davor zu erschrecken, auch wenn dir die Dinge, die wir dir sagen, als sehr bizarr, mysteriös oder - aus eurer heutigen Sicht - nicht nachvollziehbar erscheinen. Es ist nun einmal so, dass ungewöhnliche oder revolutionäre Erkenntnisse oft auch von denjenigen, die sie empfangen oder verbreitet haben, im ersten Moment nicht verstanden werden konnten. Und so möchten wir uns heute schon bei dir bedanken, dass du dich aufgemacht hast, uns anzurufen."[79]

In einem ersten Austausch mit einem Wissenschaftler hatte die Quelle einen Dialog mit ihm über einen Versuchsaufbau und dessen mögliche Veränderung geführt. Was sie nicht tat, war, exakte Anleitungen zu geben oder Forschungsergebnisse vorwegzunehmen. Dies weckte wiederum Eva Marias praktischen Sachverstand, und wie gewöhnlich befragte sie die Quelle sehr direkt.

Eva Maria: „Warum könnt ihr uns nicht gleich sagen, auf welche genaue Weise ein Versuch durchgeführt werden muss?"

---

79 Eva Maria Pfeiffer: „Kuss des Kosmos" (Audiodatei aus 2020)

Die Quelle: „Als exkarnierte Seelen ist es uns nicht möglich, die Schritte, die die Menschheit selbst tun muss, vorwegzunehmen und euch so gewissermaßen die Berechtigung für eure inkarnatorischen Aufgaben zu entziehen. Denn genau das würde passieren, wenn wir euch zum einen die Zukunft noch deutlicher voraussagten und zum anderen Möglichkeiten vorwegnähmen, die für die Entwicklung eurer inkarnierten Seelen während ihres menschlichen Daseins geeignet sind. Wir können, wollen und dürfen nicht mehr sagen, als es für euch als inkarnierte Seelen wichtig und notwendig ist.

Auf der anderen Seite dürfen und wollen wir Impulse aus den seelischen Welten an euch weitergeben, um die nächsten Schritte der Entwicklung sowohl in individuell-menschlicher als auch in kollektiv-gesellschaftlicher Hinsicht zu begleiten und um euch das derzeitig stattfindende Hinübergleiten auf die nächste Ebene des Bewusstseins zu erleichtern. Das ist unser Auftrag, und aus diesem Grund sprechen wir seit geraumer Zeit zu dir. Und wir möchten euch bitten, genau dies so aufzunehmen und weiterzugeben.

Um es noch einmal zusammenfassend zu formulieren: Wir sind gekommen, um euch zu unterstützen, zu helfen und zu begleiten. Wir sind jedoch nicht gekommen, um euch eure inkarnatorischen Aufgaben abzunehmen oder die Lösungen dieser Aufgaben vorwegzusagen. Denn das würde eure Daseinsberechtigung als menschlich inkarnierte Seelen ungültig machen. Das ist etwas, das wir weder wollen noch können noch dürfen. Und wir bitten euch auch hier in diesem Punkt, unsere Einstellung als kausale Quelle zu respektieren."[80]

---

80 Ebenda

Eva Maria wollte keinesfalls Wissen an solche Menschen weitergeben, die es nicht für das Gemeinwohl einsetzen würden. Dazu kam folgende Nachricht:

Die Quelle: „Und du kannst dich darauf verlassen, dass wir denjenigen Personen, die durch dich unsere Hilfe suchen, immer so viel übermitteln, wie es für sie und ihren Werdegang und ihre innere Entwicklung wichtig und richtig ist. Denn, was ihr nicht vergessen dürft, ist, dass es auch bei den wissenschaftlichen Fragen immer darauf ankommt, welche Person sie stellt, in welchem Seelenalter und in welchem Umfeld sich diese Person befindet und aus welchen Motiven heraus sie die Fragen stellt. Dies können wir sehr genau erspüren. Und aus diesem Grund bekommt sozusagen jeder die für ihn oder sie passenden Antworten."[81]

Wir stellten uns das Szenario vor, bei dem sich Personen, die Autoritäten auf ihrem Wissenschaftsgebiet waren, möglicherweise mit für sie enttäuschenden Antworten der Quelle zufriedengeben mussten, weil sie die „Motivprüfung" nicht bestanden hatten. So oder so schien der nun zu begehende Weg herausfordernd zu werden. Was würde die Zukunft bringen?

Eva Maria: „Habt ihr denn einen genaueren Plan für mich? Soll ich eure Durchsagen in Büchern veröffentlichen? Soll ich mit eurer Hilfe Menschen in persönlichen Belangen oder in absehbarer Zeit tatsächlich Wissenschaftlerinnen und Wissenschaftler auf ihren Forschungsfeldern beraten?"

[81] Eva Maria Pfeiffer: „Diverses" (Audiodatei aus 2021)

Die Quelle: „Es gibt hier für dich kein Muss, Kann oder Soll. Es ist so, dass die Dinge auf dich zukommen werden, und du solltest in aller Ruhe und Gelassenheit abwarten, wie sich die Dinge entwickeln. Denn es bedarf noch einiger Vorbereitungen aus seelischer Sicht, um die praktische Ausführung deines Auftrags als Medium in die richtigen Bahnen zu lenken. Dies ist derzeit eine unserer Aufgaben, die wir in Zusammenarbeit mit deiner Seelenfamilie zu gestalten versuchen. Es ist momentan sinnvoller für dein seelisches Erleben und dein menschliches Dasein, den Augenblick zu leben und dir nicht allzu viele Gedanken über die Zukunft zu machen."[82]

Es war vermutlich nicht nur für uns schwer vorstellbar, dass und wie in den seelischen Welten Absprachen getroffen und Aufgaben übernommen oder weiter verteilt wurden. Auch, wie die Quelle Eva Marias mediales Talent in „richtige Bahnen" lenken wollte, war uns ein Rätsel. Wir nahmen uns vor, in der Zukunft Fragen dazu zu stellen.

---

82 Eva Maria Pfeiffer: „Kuss des Kosmos" (Audiodatei aus 2020)

Beispiel einer medialen Wissenschaftsberatung

Wir merkten schnell, dass die Menschen, die sich nun für eine mediale Wissenschaftsberatung an Eva Maria wandten, meist Tüftler und Pioniere waren, die sich in ihren Fachgebieten auf Neuland wagten. Das freute uns sehr, denn sie öffneten mit ihren Ideen und Fragen völlig neue und überraschende Denkräume. In einem Fall ging es um die einfache Gewinnung von Strom aus Wasser und Licht.

Eva Maria: „Ich möchte heute mit euch Punkte erörtern, die ich Dr. A. geschickt habe. Er äußert sich zu einigen Durchsagen von euch. Die erste Frage bezieht sich auf die Gewinnung von Elektrizität aus mit Licht bestrahltem Wasser."

Die Quelle: „Wir grüßen dich und freuen uns sehr, diesen so erfüllenden Dialog mit dir, Marion und Dr. A. fortsetzen zu können. Und so möchten wir dich bitten, deine Fragen zu stellen."

Eva Maria: „Es geht um die Schwingungen des Lichtes. Der sichtbare Bereich im Terahertz-Bereich liege zwischen 200 und 700 nm. Ein Glasgefäß könne aber unmöglich in einer so dünnen und gleichzeitig stabilen Qualität hergestellt werden. Es wäre also interessant zu erfahren, ob der Licht-Einfallswinkel ein wichtiger Parameter ist? ‚Ich denke', sagt Dr. A., ‚man müsste die Quelle konkreter fragen, welche Frequenzen des Lichtes gemeint sind.'"

Die Quelle: „Dazu möchten wir euch gerne Folgendes sagen: Es ist richtig und wichtig, dass der Einfallswinkel und die Lichtbrechung hier eine sehr große Rolle spielen. Deshalb müssen sowohl das Licht als auch die Glasstärke aufeinander abgestimmt sein. Aus unserer Sicht könnte es folgendermaßen funktionieren: Je dicker das Glas, desto niedriger der Einfallswinkel des Lichtes, und je dünner das Glas, desto höher der Einfallswinkel des Lichtes. Was nun die Frequenzen betrifft, so können nahezu alle Frequenzen des Lichtes, also auch die unsichtbaren Frequenzen, eine Wirkung auf das Wasser haben. Es gilt also bei Versuchen aller Art, ein bestimmtes Lichtspektrum in Kombination mit dem Einfallswinkel und in Kombination mit der Stärke beziehungsweise der Beschaffenheit des Glases zu ermitteln. Dann wird es möglich sein, hier gute und vor allen Dingen auch einfache Ergebnisse zu zeitigen.

Wir würden also alle, die an einer solchen Versuchseinheit arbeiten, bitten, hier erneut Versuche durchzuführen, und zwar dergestalt, dass in einer Versuchsreihe nach und nach die verschiedenen Parameter geändert und aufeinander abgestimmt werden.

Was wir euch jetzt schon sagen können, ist, dass das beste Ergebnis in einem Spektrum liegen wird, das eurem sogenannten sichtbaren Licht zugeordnet ist und nahe an den unsichtbaren Lichtbereich grenzt. Und was das Glas betrifft, so sollte es ein spezielles Glas sein, das bei euch schon verwendet wird in verschiedenen Bereichen der Medizin-Geräte-Produktion und das von äußerster Dichte und hoher Stabilität ist. Denn nur so können auch Gläser von verschiedener Stärke verwendet werden.

Wenn dieser Schritt einmal erforscht und getan ist, dann können die Glaskugeln oder -kolben in einer großen Anzahl nebeneinander angeordnet werden. Und so kann eine sehr große Menge an Energie erzeugt werden.

Auch ist es hier notwendig, dass das Wasser im Glas von höchster Reinheit ist. Deshalb muss hierzu für die technologische und wirtschaftliche Anwendung noch ein Verfahren erfunden werden, das das Wasser wieder in seinen ursprünglichsten Reinheitszustand zurückversetzt. Aber auch das wird in absehbarer Zeit möglich sein. Und so würden wir euch raten und bitten, hier weiter zu forschen. Und wir möchten Dr. A. bitten, unsere Einschätzungen an ihm bekannte Wissenschaftler weiterzugeben."

Eva Maria: „Ich habe dazu noch eine Tabelle zu den Lichtfrequenzen recherchiert. Die passende Frequenz läge dann wahrscheinlich im Bereich des roten Lichtes, weil dies kurz vor dem infraroten Licht liegt. Das wäre eine Wellenlänge von 620 bis 780 nm."

Die Quelle: „Mit diesem Bereich könnten die Wissenschaftler arbeiten, wobei dieser Bereich noch kein exaktes Ergebnis zeitigen wird, er muss noch modifiziert werden."

Eva Maria: „Gut. Dann noch eine Frage: Meint ihr Quarzglas?"

Die Quelle: „Dies ist ein Glas, ein Material, das unseren Vorstellungen für die Versuchsreihe entspricht. Es wäre aber durchaus möglich, dass es noch weitere Glas-

Materialien gibt, die dafür infrage kommen würden. Und wir würden euch bitten, im Bereich der Foto- und Brillengläserlinsen zu forschen. Es ist durchaus möglich, durch das Einschleifen des Glases die Lichtbrechung so zu verändern, dass auch hier gute Ergebnisse gezeitigt werden können."

Eva Maria: „Dann ist die nächste Frage, wie das Wasser das Licht wieder abgeben kann. Dr. A schrieb mir dazu: ‚Das erinnert mich an das Phänomen der Sonolumineszenz: Mithilfe von Schallwellen (Ultraschall) werden Druckwellen generiert, und es entsteht eine Mikroblase, die leuchtet.'"

Die Quelle: „Dies ist genau der Punkt, an dem ihr noch weiter forschen und noch weitere Erkenntnisse zeitigen müsst. Die Sonolumineszenz ist sozusagen eine Vorstufe des Verfahrens, über das wir zu euch sprechen und das in seiner Gänze noch nicht erforscht ist. Aber es gibt bereits sehr viele Ergebnisse aus der Grundlagenforschung dazu. Und hier ist kein großer Schritt mehr zu tun, um aus dem sogenannten Lichtwasser wieder Energie zu gewinnen."

Eva Maria: „Ich bekomme hier ein Bild, das sieht ähnlich aus wie Solarzellen, jedoch sind es viele kleine Linsen, die schuppenartig auf einer großen Fläche angeordnet sind. Darunter wird dann praktisch Strom abgeleitet. Also das Bild habe ich bei der ersten Frage bekommen. Gibt es dazu aus eurer Sicht noch etwas zu sagen?"

Die Quelle: „Wir möchten dich bitten, auch dieses Bild, das wir dir übermittelt haben, an Dr. A. zu kommu-

nizieren. Und wir möchten ihn aus den seelischen Welten heraus grüßen und ihm danken für seine Kooperation!"

Eva Maria: „Wasserstoff kann mehr chemische Verbindungen eingehen, als uns heute bekannt sind, habt ihr mir gesagt. Darauf erwiderte Dr. A., dass bereits mehrere Wissenschaftler daran arbeiten, z. B. Randall Mills mit seiner Hydrino-Theorie. Die Hydrinos sind kleinere Wasserstoffatome, d. h., das Elektron kann untere Bahnen besetzen, die in der bekannten Quantentheorie nicht erlaubt sind, bzw. die es - darin - nicht gibt. Mills hat das bereits umgesetzt und mithilfe der Hydrino-Technologie über bestimmte Katalysatoren aus dem Wasser einen Überschuss an Energie – mehr als hundert Prozent – gewonnen. Möchtet ihr zu dieser Hydrino-Theorie und dem Forscher Randall Mills etwas sagen?"

Die Quelle: „Die Forscher, die auf diesem Gebiet der sogenannten Hydrino-Theorie arbeiten, liegen genau richtig, auch wenn sie gewisse Parameter der vorherrschenden Quantentheorie infrage stellen durch ihre praktischen Versuchsergebnisse. Aus diesem Grund ist es wichtig, dass immer wieder neue Versuche gestartet werden, auch wenn deren Ergebnisse nicht sofort mit euren bekannten Theorien übereinstimmen. Denn hier wird etwas wirksam, das wir dir gegenüber vor einigen Jahren als Erhöhung des Bewusstseins beziehungsweise erhöhte kosmische Schwingung bezeichnet haben, und dieses Phänomen macht es möglich, solche Versuche zu wagen und neue, modifizierte Theorien aufzustellen.

Andersherum gesagt ist es so, dass das, was heute möglich ist, vor etwa hundert Jahren noch nicht möglich gewesen wäre. Und zwar allein aus dem Grund, weil sich die kosmische Schwingung insgesamt erhöht und weil sich auch das seelische Bewusstsein so erweitert hat, dass es inzwischen viele Forscher, Entwickler und Wissenschaftler gibt, die aufgrund ihrer seelischen Kompetenz und ihrer Verbindung mit dem geistigen Bewusstsein fähig sind, über die vorherrschenden Dogmen der Wissenschaft hinauszudenken. Das ist es, was wir euch zum Thema Hydrino-Theorie übermitteln können."

Eva Maria: „Dr. Andrea Rossi hat eine Kalte-Fusion-Technologie entwickelt, an der Wasserstoff beteiligt ist. Die Technologie wird seit Jahrzehnten erforscht und gleichzeitig aber von einigen Leuten torpediert."

Die Quelle: „Auch diese Technologie entspricht dem vorab Gesagten. Dr. Rossi ist einer jener Wissenschaftler, die bereit sind, über die bestehenden Dogmen hinauszudenken und sich darüber hinwegzusetzen. Wenn nun diese Forschungen gleichzeitig gefördert und infrage gestellt werden, so ist dies – wir möchten einmal fast sagen – ein natürlicher Prozess gemäß den Gesetzmäßigkeiten menschlicher Entwicklung.

Denn alles, was in einem Bereich an Fortschritt geschieht, ist automatisch für andere Bereiche eine Gefahr. Jede Gegenbewegung geschieht deshalb aus Angst. Ihr habt – wenn ihr auf die Geschichte der Wissenschaft blickt – viele Beispiele dafür, wie schwierig es sein kann, eine neue Erkenntnis sozusagen in das allge-

meine Bewusstsein ‚hineinzupflanzen' und das vorherrschende Denk-Establishment zu überzeugen. Auch bekämpfen bestimmte Bereiche eurer Industrie solche Neuerungen, die ihnen entweder Absatzmärkte abziehen oder ihre Technologien als veraltet gelten lassen.

Jedoch können wir euch sagen, dass diese Abwehr letztendlich nicht stark genug sein wird. Wenn wir einmal bei dem Begriff ‚Denk-Establishment' bleiben, so können wir euch sagen, dass es sich uns derzeit darstellt wie eine Membran, die immer poröser wird. Es entstehen Durchlässe an sehr vielen verschiedenen Stellen. Aus diesem Grund wird das traditionelle Denk-Establishment, sei es in den Wissenschaften, sei es im Bereich der Politik und Gesellschaft, mehr und mehr von erneuernden Denkmustern durchtränkt werden. Und je mehr neue Denkmuster durch diese Membran hindurchkommen, desto gravierender wird sich auch das allgemein etablierte Denken ändern."

Eva Maria: „Dann komme ich noch zum atomaren Vakuum. Dr. A. sagt, es gebe Indizien dafür, dass angeregte Wasser-Bestandteile, wie Wasserstoff, Sauerstoff, Protonen und Elektronen, zusätzlich Energie aus dem Vakuum der Wasserstoff-Generator-Apparatur auskoppeln würden. Er sagt: ‚Der Raum ist nicht leer. Es gibt dazu viele Begriffe: ZPE (zero point energy), Äther, vacuum energy etc.'"

Die Quelle: „Das sogenannte atomare Vakuum ist ein Raum, der sich aus unserer Sicht erst in den letzten hundert Jahren durch die Erhöhung der kosmischen Schwingung – in Anführungszeichen – ‚gefüllt' hat, wobei diese bildhafte Sprache nur zum Verständnis dient und nicht das exakt wissenschaftlich ausdrückt, was bereits geschehen ist.

Wenn Dr. A. den Begriff ‚Äther' nennt, so nutzt er einen Begriff, der schon sehr lange in eurer Menschheits- und Wissenschaftsgeschichte präsent ist und der aus unserer Sicht genau das ausdrückt, was wir euch immer wieder anhand von verschiedenen Beispielen vermitteln wollen.

Die kosmische Bewusstheit in Koppelung mit dem seelisch-geistigen Bewusstsein hebt die Materie auf eine gewisse Stufe an. Es wird euch dadurch möglich sein, Ergebnisse zu zeitigen, die früher nicht nur undenkbar, sondern auch unmöglich waren.

Fast alles, was hinsichtlich des technologischen Fortschritts in den letzten hundert Jahren erreicht wurde, hängt mehr oder weniger mit dem Phänomen der Anhebung des Bewusstseins zusammen. So kommen wir nicht umhin, auch hier wieder zu betonen, dass es auch weiterhin aufgrund dessen noch sehr viele wissenschaftliche Versuchsprojekte mit überraschenden Ergebnissen geben wird."

Eva Maria: „Dann abschließend noch eine Frage von Dr. A., er möchte gerne wissen, ob der Kanal zwischen Jenseits und Diesseits, wie ich ihn nun habe, auch technisch genutzt werden kann, damit die Botschaften ohne Einfluss des Mediums elektronisch erfasst werden können?"

An dieser Stelle meldete sich eine weitere Quelle, zu der Eva Maria seit kurzer Zeit Kontakt hatte.

Quelle 2: „Wir grüßen dich an diesem Erdentag und danken dir, dass du uns in deine Überlegungen einbeziehst. Und so möchten wir die Frage von Dr. A. wie folgt beantworten:

Es ist tatsächlich so, dass es in absehbarer Zeit möglich sein wird, über Geräte Botschaften aus den kosmischen Welten[83] zu empfangen. Und zwar werdet ihr dazu die technischen Möglichkeiten haben ähnlich dem, was eure Kosmologen jetzt bereits nutzen, um Informationen von Jahrmillionen und Jahrmilliarden entfernten kosmischen Ereignissen zu empfangen.

In der Art und Weise, wie die Spracherkennung bei der KI voranschreitet, wird es auch bald möglich sein, mittels entsprechender Geräte die Impulse, die zum Beispiel dein Gehirn empfängt, zu dechiffrieren. Dies ist ein Fortschritt, der vermutlich in nur wenigen Jahrzehnten erreicht sein wird, der jedoch davon abhängen wird, inwieweit sich die wissenschaftliche Bewusstheit erweitert und öffnet."

Eva Maria: „Möchtet ihr vielleicht noch etwas zum atomaren Vakuum sagen?"

Quelle 2: „Das sogenannte atomare Vakuum ist kein eigentliches Vakuum mehr, und eure Wissenschaftler werden damit noch überraschende Ergebnisse erzielen.

---

83 Die „Quelle 2", die sich bei medialen Durchsagen für Wissenschaftlerinnen und Wissenschaftler zur ersten Quelle dazugesellt hat, ist keine seelische, sondern eine sog. kosmische Quelle. Ihre Seelen waren nie auf der Erde inkarniert. Auch das gibt es!

Dies als eine Anmerkung zu Lösungsmöglichkeiten für die derzeitigen Umweltprobleme und Probleme der Klimaveränderung auf eurer Erde. Wir möchten euch damit ein Stück Hoffnung aus den kosmischen Welten schicken, um euch zu ermutigen, weiterzudenken und weiterzuforschen."

Eva Maria Pfeiffer: „Dann danke ich euch, den beiden Quellen, für diese wunderbaren Durchsagen!"[84]

Alle Seelen sind gleichwertig

Eva Maria und ich möchten uns nun von Ihnen, unserer Leserschaft, verabschieden und Ihnen herzlich dafür danken, dass Sie bis jetzt „durchgehalten" haben. Vor allem Menschen mit jüngeren Seelen wird es schwerfallen, das Gesagte für wahr und das Beschriebene für wirklich zu halten. Sie sind weniger nach innen und mehr an den Fakten orientiert, wie sie das Leben auf der Erde zu präsentieren scheint. Bewusstsein passiert für sie „automatisch" und bleibt unhinterfragt. Daran ist nichts Falsches. Die Quelle betont immer wieder, dass alle Menschen und alle Seelen gleichwertig sind und den für sie richtigen Weg gehen. Es bedarf dazu weder eines Glaubens an einen Gott noch der bewussten Kenntnisnahme der seelischen Welten.

---

84 Eva Maria Pfeiffer: „Wissenschaftsberatung" (Audiodatei aus 2021)

Sollte bei Ihnen der Wunsch geweckt worden sein, die eigene Verbindung zu den seelischen Welten oder mediale Fähigkeit bewusst zu entdecken oder zu intensivieren, so sei auf die vielfältige Literatur und die vielen Seminar-Angebote verwiesen, die es in diesem Bereich bereits gibt. Es wird sich ein angemessener Weg auftun, sofern Entspannung, Vertrauen und der aufrichtige Wunsch nach Kontakt mit den seelischen Welten vorhanden sind.[85]

Wir wünschen Ihnen weiterhin eine wunderbare und überraschende Zeit!

Marion Menge und Eva Maria Pfeiffer

Nachtrag: In mir wohnt eine alte Seele

Ich, Eva Maria Pfeiffer, bin eine alte Seele, oder besser gesagt, in mir wohnt eine alte Seele. Seitdem ich das weiß, geht es mir besser, und das Verständnis für mich und mein Sosein oder auch Anderssein ist gewachsen.

Typisch für eine alte Seele ist beispielsweise die Neigung, **keine** Karriere machen zu wollen. Jedenfalls sind beruflicher oder sozialer Aufstieg, Status, Reichtum oder eine Firmengründung usw. selten

---

[85] Voraussetzungen, die auch bei Varda Hasselmann und Frank Schmolke genannt werden. („Die Seelenfamilie" S.154)

Aufgaben, die eine alte Seele anziehen. Ich erinnere mich noch, dass ich schon in jungen Jahren darüber nachdachte, was denn an einem üblichen Leben mit Mann und Kindern und Hausbau so attraktiv sein könnte. Bis heute hat sich mir dieser weit verbreitete Lebensentwurf nicht ganz erschlossen, obwohl er mir in meiner Herkunftsfamilie vorgelebt wurde. Vielleicht liegt es daran, so meine Vermutung, dass ich als alte Seele „dieses Theater" nun schon mehrfach und in vielen Facetten in früheren Inkarnationen erlebt habe. Sympathien für alle Menschen, die sich außerhalb der gesellschaftlichen Norm bewegen, hegte ich schon früh, und mich faszinierten eher ungewöhnliche Lebensläufe als steile Karrieren in unserer Gesellschaft. Vielleicht war das auch der Grund, warum ich erst einmal Sozialpädagogik studierte und mich eher auf der Seite jener sah, die von der Gesellschaft vernachlässigt werden.

Was uns alte Seelen auch kennzeichnet, ist das Interesse an alternativ-medizinischen Methoden und allem, was in irgendeiner Form feinstofflich - und für jüngere Seelen einfach nicht nachvollziehbar - ist. Darunter fallen Ansätze wie Homöopathie, aber auch Bachblüten-Anwendungen oder geistige Heilmethoden. Ich weiß zwar die schulmedizinischen Erkenntnisse zu schätzen und bin froh, dass es Schmerztabletten gibt, die ein Kopfweh lindern können, oder Operationen, die im Vergleich zu früheren Behandlungen wahre Wunder vollbringen. Dennoch sind mir die sogenannten sanften Methoden lieber, und ich habe bisher mit ihnen gute Erfahrungen gemacht.[87]

Vor einigen Jahren fragte ich die Quelle: „Gibt es ein prominentes Beispiel für eine alte Seele in Deutschland?"

Die Quelle: „Alte Seelen findet ihr nur sehr selten in Positionen, die aus der Mitte eurer gesellschaftlichen Gefüge herausragen und sich auf prominente Weise hervortun. Alte Seelen findet ihr dort, wo neue Formen der Spiritualität entstehen oder verbreitet werden, zum Beispiel in den Bereichen der heilpraktischen Arbeit oder in der Verlagswelt. Ihr findet sie auch dort, wo es darum geht, Menschen in ihrem Anderssein zu bestärken und sie vor Diskriminierung zu schützen. Sozialarbeiterinnen und Sozialpädagogen gehören dazu.

Alte Seelen findet ihr vor allem dort, wo es darum geht, der Gesellschaft sehr feine Impulse zu geben, zum Beispiel in den Künsten. So sind alte Seelen oft in der Schriftstellerei zu finden, in der Musik und in der bildenden Kunst. Der Ausdruck alter Seelen im Vergleich zum Ausdruck jüngerer Seelen erscheint auf subtilere und leisere Weise. Alte Seelen findet ihr also oft in den kreativeren Bereichen, und sie gestalten eure gesellschaftliche Wirklichkeit mit, ohne dass ihr dies vordergründig bemerken würdet. Häufig haben die Werke alter Seelen einen großen Nachhall in eurer Gesellschaft, und zwar auch dann noch, wenn sie die Erde bereits verlassen haben und zu ihrer Seelenfamilie zurückgekehrt sind."[88]

---

87 Eva Maria Pfeiffer: „Alte Seelen" (Newsletter aus 2014)
88 Beide Autorinnen haben sich nichtsdestotrotz für Covid-19-Impfungen entschieden.

Ergänzend möchte ich anmerken, dass es auch großartige Wissenschaftler mit alten Seelen gegeben hat. Wolfgang Pauli, der das Wasserstoff-Atom erforscht hat, Albert Einstein und viele weitere gehören dazu.

Wer testen möchten, ob auch in ihr oder in ihm eine sehr reife oder alte Seele wohnt, dem empfehle ich, sich von den Gedichten von Rainer Maria Rilke berühren zu lassen und die Musik von Johann Sebastian Bach zu hören. Auch der estnische Komponist Arvo Pärt ist eine alte Seele, und es gibt einige Stücke von ihm, in denen diese durchscheint. In Marc Chagall wohnte laut meiner kausalen Quelle eine alte Seele, die durch Bilder viele Seelen in eine höhere Schwingung zu versetzen und den Menschen Harmonie, Liebe und Frieden zu vermitteln vermochte.

Nachwort

Es ist wieder Krieg in Europa, der russische Präsident Wladimir Putin hat die Ukraine überfallen. Er wurde von der Quelle an anderer Stelle bereits als äußerst machtgierig beschrieben. Wir möchten weitergeben, wie die Quelle diese Situation bewertet.

„Trotz dieser sich nun zuspitzenden Lage ändert sich an den von uns vorgenommen Durchsagen nichts, denn der Bewusstseinsprozess, von dem wir sprechen, hat eingesetzt und wird sich weiter fortsetzen. Aus eurer menschlichen Sicht scheint die Machtarroganz eines Potentaten dagegen zu sprechen, aus unserer Sicht jedoch nicht. Denn das, was wir euch prognostizieren für die Zukunft, wird dennoch eintreffen: Konflikte werden auf andere Art und Weise ausgetragen werden, und das angehobene menschlich-kosmische Bewusstsein wird hier eine große Rolle spielen.

Ihr habt inzwischen übergeordnete Institutionen geschaffen, die versuchen, Konflikte gewaltfrei zu überwinden und Frieden zu wahren. Das Völkerrecht ist inzwischen von nahezu allen Staaten anerkannt worden. Ein Blick zurück in eure menschliche Geschichte zeigt, dass es noch keine Zeit zuvor gab, in der fast die ganze Welt an einem Tisch saß, um sich den Machtbestrebungen eines Diktators zu widmen und ihnen zu begegnen. Dies ist, auch wenn die Bemühungen momentan vergeblich erscheinen, ein Fortschritt in der Geschichte der Menschheit und auch Ausdruck eines höheren Bewusstseins.

Verfallt nicht in die Annahme, dass mit dem höheren Bewusstsein alle Probleme der Menschheit gelöst sein werden. Ihr dürft aber hoffen, dass dadurch in Zukunft Lösungswege aufscheinen werden, die den Menschen eine neue Art des Zusammenlebens eröffnen. Was wir an diesem Punkt noch sagen können und wollen ist: Fürchtet euch nicht, denn Furcht hält euch gefangen in negativem Denken, sondern sucht nach Lösungen. Dies gilt für persönliche und zwischenmenschliche Probleme, aber auch für das herausfordernde Zusammenleben der Völker, Staaten und Nationen."

Die Quelle, Anfang 2022

Dank

Unser herzlicher Dank gilt Renate, die als Gastgeberin und Moderatorin unsere Seelen-Treffs schon über Jahre liebevoll leitet. Dirk stellte frühzeitig viele weiterführende Fragen und gab sich mit den Antworten nicht so schnell zufrieden. Petra griff als erste beherzt zum Korrekturstift, um Fehler aus dem Skript zu merzen. Angelika gesellte sich hinzu. Wir danken euch für eure großartige Unterstützung!

Herzlichen Dank auch an unsere Lektorin Ina Kleinod für ihren klugen Blick auf unser Skript und ihre Geduld mit uns. Außerdem danken wir Anna Knüpp und Hubert Blömer für ihre hellfühlige therapeutische Begleitung.

Und wir bedanken uns bei der Quelle sowie bei ihrer neu hinzugekommenen kosmischen Helferin, die unser Leben so sehr bereichern und neugierig auf die Zukunft machen.

Über die Autorinnen

Eva Maria Pfeiffer, Jahrgang 1959, studierte nach dem Abitur Sozialpädagogik, entschied sich nach dem Diplom jedoch für den Journalismus. Nach einer Ausbildung beim Institut für publizistischen Nachwuchs in München arbeitete sie bei einem Dritte-Welt-Magazin der katholischen Kirche (inkl. Aufenthalte in Afrika und Asien). Es folgten Stationen in PR und Werbung. Zuletzt arbeitete sie als Redakteurin in einem großen Medienkonzern. Sie lebt mit ihrem Ehemann in Nordrhein-Westfalen.

Dr. phil. Marion Menge, Jahrgang 1960, studierte Deutsch und Psychologie in Eichstätt, München und Washington D.C. Sie arbeitete als Regieassistentin am Schlosstheater Moers und an der Freien Volksbühne in Berlin. Nach der Promotion an der Universität (damals: Hochschule) der Künste in Berlin wurde sie Dozentin in der Personalentwicklung (inkl. Vortrags- und Seminarreisen u. a. nach Ottawa, Hanoi, Shanghai). Sie absolvierte eine Coaching-Ausbildung bei RAUEN-Coaching. Sie ist Mutter eines erwachsenen Sohnes und lebt in Steinfurt bei Münster in Westfalen.

Weitere Infos:

www.scienceandsoul.de

Literatur

Gartz, Dr. habil. Jochen: Wasserstoffperoxid H2O2 – Das vergessene Heilmittel. Mobiwell (Immenstadt 2018)

Hands, John: Cosmo Sapiens – Die Naturgeschichte des Menschen von der Entstehung des Universums bis heute. Pantheon (München 2018)

Hasselmann, Varda; Schmolke, Frank: Welten der Seele - Trancebotschaften eines Mediums. Goldmann (München 1993)

Hasselmann, Varda; Schmolke, Frank: Weisheit der Seele - Trancebotschaften über den Sinn der Existenz. Arkana (München 1995)

Hasselmann, Varda; Schmolke, Frank: Die Seelenfamilie - Sinn und Struktur seelischer Beziehungen. Arkana (München 2001)

Hasselmann, Varda; Schmolke, Frank: Archetypen der Seele: Die seelischen Grundmuster - Eine Anleitung zur Erkundung der Matrix. Goldmann (München 2010)

Hasselmann, Varda; Schmolke, Frank: Junge Seelen, Alte Seelen – Die große Inkarnationsreise des Menschen. Arkana (München 2016)

Kagan, Annie: Das zweite Leben des Billy Fingers (Original 2013). Heyne (München 2014)

Koch, Timm: Das Supermolekül - Wie wir mit Wasserstoff die Zukunft erobern. Westend (Frankfurt/M. 2019)

Lommel, Pim van: Endloses Bewusstsein – Neue medizinische Fakten zur Nahtoderfahrung. Droemer Knaur (München 2013)

Pfeiffer, Eva Maria: Audiodateien

Pfeiffer, Eva Maria: Newsletter

Prestwich, Michael: Von Karl dem Großen bis Gutenberg – Das Mittelalter in 70 Portraits. Koehler & Amelang (Leipzig 2014) S. 32 (zum Prolog)

CPSIA information can be obtained
at www.ICGtesting.com
Printed in the USA
LVHW082118220322
714114LV00013B/460

9 783755 749325